Por el Amor que Persevera

"Publíquese esta Obra («El Poema del Hombre-Dios») tal como está. No es necesario dar ninguna opinión acerca de su origen o de si puede ser extraordinario o no "

Su Santidad el Papa Pío XII,
26 de Febrero 1948.

Código De Ley Canónica

Canon 66 "La economía cristiana, por tanto, ya que es la Alianza nueva y definitiva, nunca pasará; y ninguna nueva revelación pública se espera antes de la manifestación de nuestro Señor Jesucristo". Aún, aunque la Revelación esté acabada, no ha sido completamente explicitada; corresponderá a la fe cristiana comprender gradualmente todo su contenido en el curso de los siglos.

Canon 67 A través de los siglos, ha habido revelaciones llamadas "privadas", algunas de las cuales han sido reconocidas por la autoridad de la Iglesia. Ellas no corresponden, sin embargo, al depósito de la fe. No es su rol mejorar o completar la Revelación definitiva de Cristo, sino para ayudar a vivirla más plenamente en una cierta época de la historia. Guiada por el Magisterio de la Iglesia, el sensus fidelium sabe discernir y acoger lo que en estas revelaciones constituye una llamada auténtica de Cristo o de sus santos a la Iglesia.

La fe cristiana no puede aceptar "revelaciones" que pretenden superar o corregir la Revelación de la que Cristo es el cumplimiento, como es el caso de ciertas religiones no cristianas y también de ciertas sectas recientes basadas en tales "revelaciones".

La Llena De Gracia:
Los Primeros Años
El Mérito
Pasión De Joseph
El Ángel Azul
La Infancia De Jesús

Seguidme:
El Tesoro Con Siete Nombres
Dónde Hay Aspinas, También Habrá Rosas
Por El Amor Que Persevera
El Colegio Apostólico
El Decálogo

Las Crónicas De Jesús Y Judas Iscariote:
Te Veo Como Eres
Aquellos Quienes Están Marcados
Jesús Llora

Lázaro:
Que Bella Rubia
Las Flores Del Bien

Claudia Procula:
¿Amas Al Nazareno?
El Capricho De La Moral De La Corte

Principios Cristianos:
En La Reencarnación

María De Magdala
Ah! Mi Amada! ¡Al Fin Te Alcancé!

Lamb Books

Adaptaciones ilustradas para toda la familia

LAMBBOOKS

Publicado por Lamb Books, 2 Dalkeith Court, 45 Vincent Street, London SW1P 4HH;

Reino Unido, EE.UU. FR, IT, ES, PT, DE

www.lambbooks.org

Publicado por primera vez por Lamb Books 2013

Esta edición

001

Texto copyright @ Lamb Books Nominado, 2013

Ilustraciones autor @ Lamb Books, 2013

El derecho moral del autor e ilustrador ha afirmado

Reservados todos los derechos

El autor y editor Agradecemos al Centro Editoriale Valtoriano en Italia para el permiso para citar el Poema del Hombre-Dios por María Valtorta, por Valtorta Publishing

Situado en Boookman Old Style R

Impreso en el Reino Unido por CPI Group (UK) Ltd, Croydon, CR0, 4YY

Salvo en los EE.UU., este libro se vende con la condición de que no será, con carácter comercial o no, ser objeto de préstamo, reventa, alquiler, o distribuido de otro modo sin el consentimiento previo del editor, en cualquier forma de encuadernación o cubierta que no sea aquel en el que se publica y no una condición análoga, incluida esta condición que se imponga en el futuro comprador

Seguidme

Por El Amor Que Persevera

LAMBBOOKS

Agradecimientos

El material de este libro es una adaptación del El Poema Del Hombre Dios (El Evangelio Según Lo Revelado A Mí) de Maria Valtorta, aprobado por primera vez por el Papa Pío XII en 1948, cuando en una reunión el 26 de Febrero de 1948, presenciado por otros tres sacerdotes, ordenó a los tres sacerdotes presentes "Publicar este trabajo, tal como es".

En 1994, el Vaticano hizo caso a las llamadas de los cristianos en todo el mundo y han comenzado a examinar el caso de la Canonización de Maria Valtorta (Pequeño Juan).

El Poema Del Hombre Dios fue descrito por el confe

sor de Pío "como edificante". Las revelaciones místicas han sido durante mucho tiempo jurisdicción de los sacerdotes y los religiosos. Ahora, están al alcance de todos. Que todos los que lean esta adaptación, también lo encuentren edificante. A través de este punto de vista, la fé puede ser renovada.

Gracias especiales al Centro Editoriale Valtortiano en Italia por su autorización para citar el Poema del Hombre Dios por María Valtorta, llamada también Pequeño Juan.

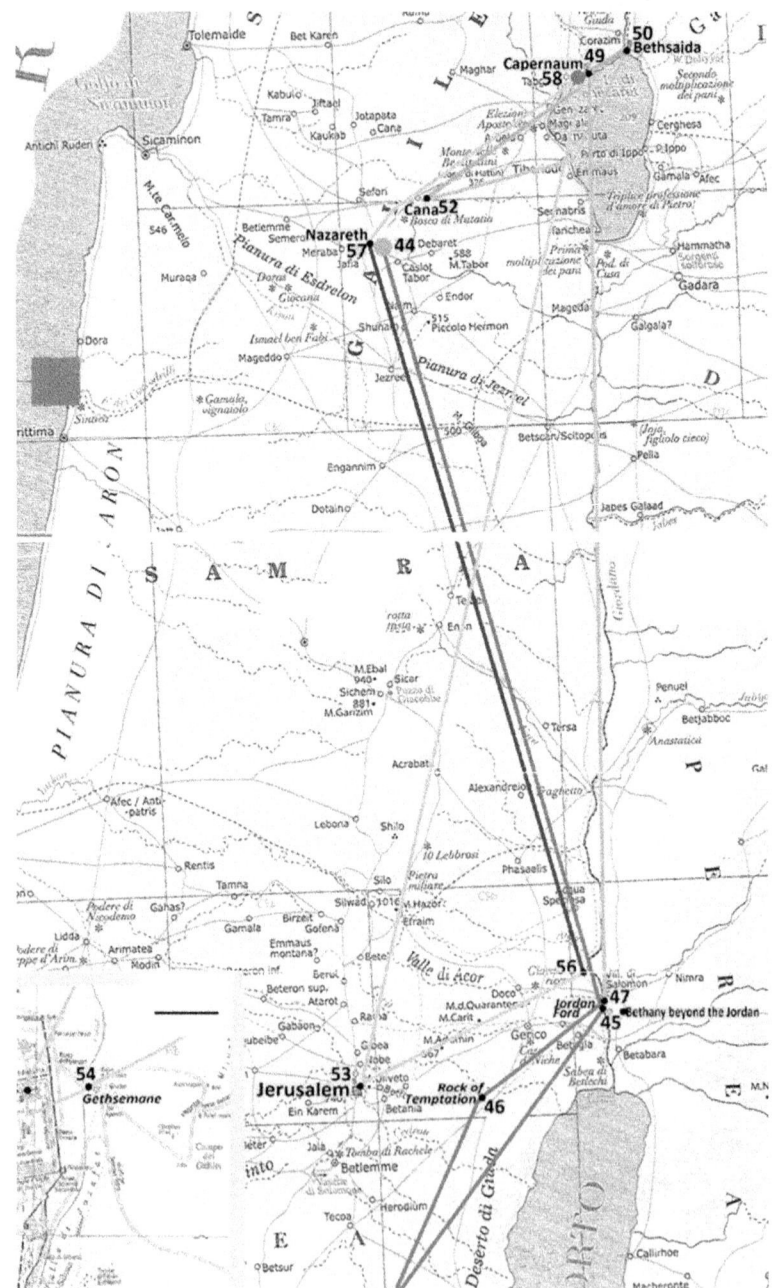

Por el Amor que Persevera

Seguidme

Jesús, Juan, Simón Y Judas Van A Belén   12

Jesús En Belén En La Casa Del Campesino Y En La Gruta
                                               19

Jesús Va Al Hotel En Belén Y Predica Desde Las Ruinas De La Casa De Ana   37

Jesús Y Los Pastores Elías, Levi Y José   54

Jesús En Juta Con El Pastor Isaac   66

Jesús En Hebrón. La Casa De Zacarías. Aglae.   82

A Las Orillas Del Jordán. Encuentro Con Los Pastores Juan, Matías Y Simeón   97

Jesús E Isaac Cerca De Doco. Parten Hacia Esdraelon
                                               107

Jesús Con El Pastor Jonás En La Planicie De Esdraelon
                                               114

Regreso A Nazaret Luego De Dejar A Jonás   124

Jesús, Juan, Simón Y Judas Van A Belén

Jesús, Quién ya está con Juan, se encuentra con Simón y Judas, temprano en la mañana, en la misma puerta de Jerusalén.

'Mis amigos... ', dice Jesús '... Yo os pido que vengáis Conmigo a través de Judea. Si no es demasiado para vosotros, sobre todo para ti, Simon'.

'¿Por qué, Señor?'

'Es difícil caminar por las montañas de Judea ... y tal vez lo será aún más doloroso para vosotros conocer a alguien que os hizo daño'.
'En lo que se refiere al camino, deseo asegurarte, una vez más, que desde que Tú me curaste, me siento más fuerte que un hombre joven y no hay trabajo pesado para mí, también porque está hecho por Ti, y ahora, Contigo. En cuanto a conocer gente que me haya dañado, no hay resentimiento duro o sentimiento en el corazón de Simón, desde que él se volvió Tuyo. El odio se ha ido junto con las escalas de la enfermedad. Y créeme, no puedo decir si Tú obraste un milagro más grande en la curación de mi carne corroída o en mi alma consumida por el odio. Creo que no me equivoco al decir que la

curación de mi alma fue el mayor de los milagros; una herida del alma sana con menos facilidad... y Tú me curaste al instante. Eso es un milagro. Porque uno no se recupera de repente, incluso si uno lo desea con toda su propia fuerza y un hombre no se deshace de un mal hábito moral, si Tú no destruyes ese hábito con Tu santificada fuerza de voluntad'.

'Tu juicio es correcto'.

'¿Por qué no hacer eso con todo el mundo? 'Pregunta Judas, un poco resentido.

'Pero Él lo hace, Judas ... ' dice Juan, poniendo su amable y cariñoso brazo sobre Judas, como para calmarlo y hablando ansioso y persuasivamente ' ... ¿Por qué le hablas así al Maestro? ¿No sientes que has cambiado desde que estás en contacto con Él? Antes, yo era un discípulo de Juan el Bautista. Pero me he encontrado a mí mismo completamente cambiado desde que Él me dijo: 'Ven'.
Juan, que rara vez interfiere, y nunca lo hace en presencia del Maestro, se ve obligado a hablar, pero luego se da cuenta de que ha hablado ante Jesús, se sonroja y dice:

'Perdóname, Maestro, hablé en Tu lugar, pero yo quería... Yo no quería que Judas Te apenara'.

'Sí, Juan. Pero él no Me apenó como Mi discípulo. Cuando él sea Mi discípulo, entonces, si él persiste en su manera de pensar, él Me apenará. Me duele sólo notar lo mucho que el hombre ha sido corrompido por Satanás que pervierte sus pensamientos. Todos los hombres, ¡ya sabes! ¡Los pensamientos de todos vosotros que han sido engañados por él! Pero llegará el día, cuando vosotros tengáis la Fuerza y la Gracia de Dios, tendréis la sabiduría de Su Espíritu... entonces tendréis todo lo que os permita juzgar correctamente'.

'Y a todos nos juzgará con razón'.
'No, Judas. '

'Pero ¿Tú te refiere a nosotros, discípulos, o para todos los hombres?'

'Me refiero en primer lugar a vosotros, y para todos los demás. Cuando llegue el momento, el Maestro nombrará a Sus obreros y los enviará por todo el mundo... "

'¿Tú no lo estás haciendo ya? '

'Por el momento, te utilizo sólo para decir: " El Mesías está aquí. Venid a Él". Después te haré capaz de predicar en Mi nombre, de obrar milagros en Mi nombre... "

'¡Oh! ¿También milagros? '

'Sí, en los cuerpos y en las almas'.

'¡Oh! ¡Cómo nos van a admirar, entonces! ' Exhala Judas, lleno de alegría ante la idea.

'Pero, entonces, no vamos a estar con el Maestro... 'y siempre voy a tener miedo de hacer con mi capacidad humana lo que sólo viene de Dios', dice Juan, mirando pensativo y algo tristemente a Jesús.

'Juan, si el Maestro me permite, me gustaría decirte lo que pienso', dice Simón.

'Sí, dile a Juan. Quiero que se aconsejen los unos a los

otros'.

'¿Tú ya sabes que es un consejo? Jesús sonríe y silencioso.

'Bueno, te digo, Juan, que no debes, no debemos tener miedo. Encontremos Su sabiduría de un Maestro santo y sobre Su promesa. Si Él dice: "Yo os envío", significa que Él sabe que nos puede enviar sin ningún temor de que podamos hacerle daño a Él o a nosotros mismos, es la causa de Dios, que es tan querida por cada uno de nosotros, como una novia recién casada. Si Él promete vestir nuestra miseria intelectual y espiritual con el brillo del poder que Su Padre nos da a nosotros, tenemos que estar seguros de que Él lo hará y que vamos a tener éxito, no por nosotros mismos, sino por Su misericordia. Todo esto sin duda sucederá, siempre que nuestras acciones estén libres de orgullo y ambiciones humanas. Creo que si contaminamos nuestra misión, que es enteramente espiritual, con ingredientes terrenales, entonces también la promesa de Cristo ya no estará de pie. No a causa de la imposibilidad de su parte, sino porque vamos a estrangular a esa capacidad con la cuerda del orgullo. No sé si he hecho hacerme entender'.

'Has hablado muy claramente. Estoy equivocado. Pero sabes ... Creo que después de todo, desear ser admirado como discípulos del Mesías, tan cerca de Él como para merecer que hacer lo que hace, es lo mismo que desean aumentar aún más la poderosa figura de Cristo entre los hombres. Alabado sea el Señor, Quién tiene esos discípulos, que es lo que yo quiero decir' responde Judas.

'Lo que tú dices no es del todo malo. Pero ... verás, Judas. Yo vengo de una casta que se persigue porque ...

porque entiende mal qué y cómo el Mesías debe ser. Sí. Si Lo hubiéramos esperado a Él con la visión correcta de Su ser, no habríamos caído en errores, que blasfeman contra de la Verdad y se rebelan contra la ley de Roma, por lo que se nos ha castigado tanto por Dios y por Roma. Nos apetecía Cristo como un conquistador que liberaría a Israel, como un nuevo Macabeo, más grande que el gran Judas ... Sólo eso. ¿Y por qué? Porque en lugar de tener en cuenta el interés de Dios nos ocupamos de nuestros propios intereses: de la patria y del pueblo. ¡Oh! Los intereses de la patria son ciertamente sagrados. Pero ¿qué son en comparación con los Cielos eternos? En las largas horas de persecución, primero y, después, de forma aislada, cuando como un fugitivo, me vi obligado a esconderse en las cuevas de las bestias salvajes, compartir la comida y la cama con ellos, para escapar del poder romano y por encima de todas las residencias de los falsos amigos; o cuando, a la espera de la muerte en la cueva de un leproso, ya tenía un anticipo de la fragancia del sepulcro, cuánto lo medito , y cuánto es lo que vi: vi la figura del Mesías ... Tú figura, mi humilde y buen Maestro, Atentamente, Maestro y Rey del Espíritu, tuya es, oh Cristo, Hijo del Padre, lo que lleva al Padre, y no a los palacios reales de polvo, ni a las deidades de barro. Tú ... ¡Oh! Es fácil para mí Seguirte ... Porque, perdona mi atrevimiento que confiesa a sí mismo como correcto, porque Te veo como lo que yo pensaba de Ti, Te reconozco, me di cuenta de Ti al instante. No, no era una cuestión de Conocerte, sino de reconocer Aquél a quien mi alma ya había conocido...'

'Es por eso que te llamé ... y es por eso que te estoy llevando Conmigo, ahora, en esta primera jornada Mía en Judea. Quiero que completes tu reconocimiento ... y

quiero que también ellos, a quien la edad hace menos capaz de llegar a la verdad por medio de la meditación profunda, quiero que sepan cómo su Maestro ha llegado a esta hora ... Vosotros váis a entender más tarde. Es la Torre de David. La Puerta Oriental está cerca'.

'¿Vamos a salir por ella?'

'Sí, Judas. Vamos a Belén primero. Donde yo nací ... Tú debe saber ... para decirles a los demás. También es parte del conocimiento del Mesías y de las Escrituras. Tú encontrarás las profecías escritas en las cosas no como profecías, sino como historia. Vayamos alrededor de las casas de Herodes ...'

'El viejo, malo, zorro lujurioso'.

'No juzgues. Es Dios, Quien juzga. Vayamos a lo largo del camino de acceso a través de estos huertos. Haremos una parada a la sombra de un árbol, cerca de alguna casa hospitalaria, hasta que baje la temperatura. Luego nos dirigiremos hacia nuestro camino'.

Jesús En Belén En La Casa Del Campesino Y En La Gruta

Es un día de verano caliente y seco en una carretera plana cubierta de polvo y piedras, corriendo a lo largo de un campo de Olivos de grandes olivos cargados de aceitunas pequeñas de reciente formación. Cuando no se ha pisado, el suelo está sembrado de diminutas flores de olivo sacudidas a la tierra durante la polinización.

Estando a la sombra de los olivos y lejos de lo peor del polvo, Jesús con Sus tres discípulos proceden en una sola fila a lo largo del borde de la carretera, donde la hierba todavía es verde, siguiendo esto como resulta en un ángulo recto donde hay una construcción de planta cuadrada cerrada y abandonada coronada por una pequeña cúpula baja. A partir de ahí, es una subida fácil en un gran valle en forma de herradura sembrado de casas que forman una pequeña ciudad.

'Ese es el sepulcro de Raquel' dice Simón.

'En ese caso, casi hemos llegado. ¿Vamos a la ciudad entonces?'

'No, Judas, quiero mostrarte un lugar primero ... Entonces vamos a ir a la ciudad, y ya que todavía hay luz del día claro y será una noche de luna, seremos capaces de hablar con la gente. Si ellos nos escuchan'.

'¿Crees que ellos no van a escucharte a Ti?'

Llegan al sepulcro, un monumento antiguo encalado y bien conservado.

Jesús se detiene a beber en un pozo rústico cercano. Una mujer que ha llegado a sacar agua le ofrece a Él algunos. ¿Eres de Belén? Jesús le pregunta.

"Yo lo soy. Pero ahora en época de cosecha, vivo en el campo aquí con mi marido, cuido de los huertas y los huertos. ¿Tú eres de Galilea?

'Yo nací en Belén, pero vivo en Nazaret de Galilea'.

'¿Tú también eres perseguido?'

'La familia lo es. Pero ¿por qué dices: '¿Tú también?'
¿Hay muchas personas perseguidas entre los habitantes de Belén?

'¿No lo sabes? ¿Qué edad tienes Tú?'

'Treinta'.

'Entonces Tú naciste exactamente cuando ... ¡oh! ¡es una calamidad ! Pero ¿por qué Él nació aquí? '

'¿Quién? '
'Aquel que dijeron era el Salvador. Malditos los tontos que, borrachos como estaban, pensaban que las nubes eran ángeles y los balidos y rebuznos eran voces desde el Cielo, y en su borrachera confundió a tres personas miserables por las personas más santas de la tierra.

¡Maldito ellos! Y maldita sea los que los creen'.

'Pero, con todo tu maldición, tú no me dice lo que pasó. ¿Por qué estás maldiciendo?

'Porque ... Escucha: ¿a dónde vas Tú?'

'A Belén con Mis amigos. Tengo negocios allí. Tengo que visitar a unos viejos amigos y llevarles los saludos de Mi Madre. Pero me gustaría saber muchas cosas antes, porque hemos estado lejos, nosotros, los de la familia, desde hace muchos años. Salimos de la ciudad cuando tenía sólo unos meses de edad'.

'Antes de la catástrofe, entonces. Escucha, si Tú no detestas la casa de un campesino, ven y comparte el pan y la sal con nosotros. Tú y Tus amigos. Vamos a hablar durante la cena y yo los alojaremos en la noche. Mi casa es pequeña. Pero por encima de la cuadra hay un montón de heno, todos amontonados. La noche es clara y cálida. Si Tú lo deseas, puedes dormir allí. '

'Que el Señor de Israel recompense su hospitalidad. Estaré encantado de ir a su casa'.

'Un peregrino trae bendiciones con él. Vamos. Pero voy a tener que verter seis tinajas de agua en los vegetales que acaban de surgir'.

'Y yo te ayudaré'.
'No, Tú eres un caballero, Tu comportamiento lo dice'.

'Yo soy un trabajador, mujer. Éste es un pescador. Esos dos habitantes de Judea son pudientes y empleados. Yo no lo soy. Y Él toma una tinaja grande cerca de la muy baja de la pared del pozo, Él lo ata a la cuerda, y lo baja en al pozo. Juan lo ayuda. También los otros desean ser útiles y le preguntan a la mujer: '¿Dónde están las verduras? Dinos y llevaremos las tinajas allí'.

'¡Que Dios los bendiga! Mi espalda está rota por la fatiga. Venid...'

'Y mientras Jesús sube la tinaja, los tres discípulos desaparecen a lo largo de un sendero ... y vuelven con dos vacías que se llenan y luego desaparecen. Y no lo hacen tres, sino diez veces. Y Judas dice riendo: "Ella está gritando ronca, bendiciéndonos. Hemos dado tanta agua a sus vegetales que el suelo estará húmedo durante al menos dos días, y la mujer no tendrá que romperse la espalda. 'Cuando vuelve por última vez, dice: 'Señor, me temo que hemos tenido mala suerte'.

'¿Por qué Judas?'
'Porque ella lo tiene para la venida del Mesías. Yo le dije a ella: 'No maldigas. ¿No sabes que el Mesías es la mayor gracia para el pueblo de Dios? Yahvé le prometió a Él a Jacobo, y después de él a todos los Profetas y los justos de personas en Israel. ¿Y tú Lo odias? Ella respondió: 'A Él no. Pero aquel a quien unos pastores borrachos y tres adivinos malditos de Oriente llaman 'Mesías'. Y desde eso eres Tú... '

'No importa. Sé que me encuentro como un prueba y contradicción para muchos. ¿Le has dicho a ella quién Soy? '

'No, no soy un tonto. Quería salvar a Tu espalda y la nuestra'.

'Lo has hecho bien. No a causa de nuestras espaldas.

Sino porque quiero mostrarme a Mí mismo cuando piense que es el momento correcto. Vamos'.

Judas lo lleva hasta la huerta.

La mujer vacía las últimas tres tinajas y luego Lo lleva hacia una construcción rústica en medio de la huerta. 'Ve adentro ...', ella dice '... mi marido ya está en la casa'.

Ellos se ven en una cocina baja llena de humo. 'La Paz sea en esta casa' saluda Jesús.

'Quienquiera que Tú seas, que Tú y Tus amigos sean bendecidos. Entra', responde el hombre. Y toma un recipiente con agua para que ellos se refresquen y se limpien después de lo cual todos se van y se sientan alrededor de una mesa rústica.

'Gracias por ayudar a mi esposa. Ella me lo dijo. Nunca había tratado galileos antes y me dijeron que son ásperos y pendencieros. Pero vosotros habéis sido amables y buenos. Aunque ya cansado ... vosotros trabajasteis muy duro. ¿Venís desde lejos?
'Desde Jerusalén. Estos dos son habitantes de Judea. El otro y yo somos de Galilea. Pero, Créeme, hombre: encontrarás el bien y el mal en todas partes'.

'Eso es cierto. Yo, la primera vez que conocí galileos, me dí cuenta de que son buenos. Mujer: trae la comida. Tengo pan, verduras, aceitunas y queso. Soy campesino'.

"Yo no Soy un caballero. Yo soy carpintero.

'¿Qué? ¿Tú? ¿Con Tus modales?

La mujer interviene: 'Nuestro invitado es de Belén,

te lo dije y si Sus familiares son perseguidos, que probablemente eran ricos y bien educados, como Josué de Ur, Mateo de Isaac Levi de Abraham, gente pobre ...! '

'Tú no has sido cuestionado. Perdonarla. Las mujeres son más habladoras que los gorriones en la noche'.

'¿Eran familias de Belén? '
'¿Qué? ¿Tú no sabes lo que son, y vienes de Belén?

'Huimos cuando tenía pocos meses de edad ... ', pero la mujer habladora interrumpe: 'Se fue antes de la masacre'.

'¡Eh! Ya lo veo. De lo contrario no estaría en este mundo. ¿Nunca has vuelto Tú?'

'No, nunca'.

'¡Qué calamidad! Tú no encontrarás muchos de los que Sarah dijo que quieres conocer y visitar. Muchos fueron asesinados, muchos huyeron, muchos ... ¡quién sabe! ... Que falta, y nunca se sabe si murieron en el desierto o fueron asesinados en la cárcel como castigo por su rebelión. Pero, ¿fue una rebelión? ¿Y quién habría permanecido inactivo permitiendo tantos inocentes a ser sacrificados? 'No, no es justo que Levi y Elías estén todavía vivos cuando tantos inocentes han muerto!'

'¿Quiénes son esos dos, y ¿qué hacen?'

'Bueno ... al menos Tú habrás oído hablar de la masacre. La masacre de Herodes ... Más de mil bebés sacrificados en la ciudad, casi mil más en el país (1). Y todos, o casi todos, varones, debido a que en su furia, en la oscuridad, en la pelea, los asesinos los arrancaron desde la cuna,

desde las camas de sus madres, de las casas que
asaltaban, también algunas niñas y fueron perforados
como gacelas bebés derribados por los arqueros. Bueno,
¿por qué todo eso? Debido a que un grupo de pastores,
que había bebido, obviamente, una gran cantidad de
sidra para soportar el frío intenso de noche, en un frenesí
de excitación, declararon que habían visto ángeles,
escucharon las canciones, recibieron instrucciones ...
y nos dijeron a nosotros de Belén: 'Venid. Adorad. El
Mesías ha nacido' Imagina: ¡el Mesías en una cueva!
Con toda sinceridad, debo admitir que estábamos todos
borrachos, incluso yo, entonces un adolescente, también
mi esposa, entonces sólo de unos pocos años ... porque
todos nosotros les creímos, y en una pobre mujer galilea
vimos a la Virgen Madre mencionada por los Profetas.
Pero Ella estaba con su marido, ¡un galileo bruto! Si Ella
era la esposa, ¿cómo podía estar la 'Virgen'? Para no
hacer el cuento largo: creímos.
Regalos, adorando ... ¡casas abiertas para darles
hospitalidad! ...

'¡Oh! Ellos jugaron su papel muy bien! Pobre Ana! Ella
perdió su propiedad y su vida, y también a los hijos
de su hija mayor, la única que quedaba porque ella
estaba casada con un comerciante en Jerusalén, perdió
todos sus bienes, ya que su casa fue quemada y toda la
explotación fue arrasada por orden de Herodes. Ahora
bien, es un campo sin cultivar, donde se alimentan los
rebaños'.

'¿Y fue por completo culpa de los pastores?'
'No, fue culpa también de tres magos que venían del
reino de Satanás. Tal vez eran cómplices de los tres ... ¡Y
tontamente sentían orgullosos de tanto honor! ¡Y el pobre

arquero de la sinagoga! Lo matamos porque él juró que las profecías confirmaban la verdad de los pastores y las palabras de los magos ... '

'Por lo tanto, ¿fue culpa de los pastores y de los magos? 'No, galileo. También fue culpa nuestra. La falla de nuestra credulidad. ¡El Mesías que se esperaba desde hace mucho tiempo! Siglos de expectativa. Y había habido muchas decepciones recientes debido a falsos mesías. Uno de ellos era un galileo, como Tú, otro fue nombrado Teudas. ¡Mentirosos! Ellos ... ¡Mesías! ¡Ellos no eran más que aventureros codiciosos a la caza de un golpe de suerte! Deberíamos haber aprendido la lección. En lugar de ello ...'

'Bueno, entonces , ¿por qué maldices a todos los pastores y los magos? Si vosotros os consideráis tontos, también, entonces vosotros debéis estar malditos también. Pero el precepto del amor prohíbe maldecir. Una maldición atrae otra maldición. ¿Estás seguro de que tiene razón? ¿No podría ser cierto que los pastores y los magos decían la verdad, revelada a ellos por Dios? ¿Por qué insistes en creer que eran mentirosos?

'Debido a que los años de la profecía no estaban completos. Pensamos en ello después ... después de que nuestros ojos habían sido abiertos por la sangre que enrojece las cuencas y arroyuelos'.

'¿Y no podía el Altísimo haber adelantado la venida del Salvador, en un exceso de amor por Su pueblo? ¿En qué se basaron los magos? Tú me dijiste que vinieron de Oriente ... "

'En sus cálculos relativos a una nueva estrella'.

'¿No está escrito: 'Una estrella de Jacobo toma el liderazgo, un cetro surge de Israel?' Es Jacobo, no el gran Patriarca y no se detuvo en la tierra de Belén tan querida para él como sus ojos, porque su amada Raquel murió allí?

Y la boca de un Profeta no dijo: '¿Brotes de primavera del tronco de Jesé, un vástago empuja desde sus raíces? Jesé, el padre de David, nació aquí. Un vástago del tronco de Jesé, cortado de raíz por usurpaciones tiránicas, no es la 'Virgen' Quién dará a luz a Su Hijo, no concebido por obra del hombre, de lo contrario no sería una Virgen, sino por la voluntad divina, donde Él será el "Emmanuel", porque: Hijo de Dios, Él es Dios y llevará a Dios entre el pueblo de Dios, como su nombre proclama? ¿Y Él no será anunciado, como dice la profecía, a la gente que camina en la oscuridad, que son los paganos, "por una gran luz"? Y la estrella que los magos vieron, ¿no podría ser la estrella de Jacobo, la gran luz de las dos profecías de Balaam y de Isaías? Y la mismo masacre ordenada por Herodes, ¿no entra dentro de las profecías? 'Se oye una voz en Ramá ... Es Raquel que llora a sus hijos. 'Estaba escrito que las lágrimas deben supurar a partir de los huesos de Rachel en su sepulcro en Efrata, cuando, a través del Salvador, la recompensa llegaría a la gente santa. Las lágrimas que iban a convertirse en risa celestial, al igual que el arco iris está formado por las últimas gotas de la tormenta, pero dice: "Aquí, el cielo está claro"'.

'Tú eres un hombre culto. ¿Eres rabino?

'Sí, lo soy'.

'Y lo percibí. Hay luz y la verdad en Tus palabras. Pero

... ¡Oh ! demasiadas heridas aún sangran en esta tierra de Belén, por el verdadero o falso Mesías ... Yo nunca Te aconsejaría que vengas aquí. La tierra podría rechazarte a Ti, ya que rechaza un hijastro que causó la muerte de los hijos verdaderos. En cualquier caso ... si era Él ... Él murió con los otros niños sacrificados'.

'¿Dónde Levi y Elías viven ahora? '

'¿Los conoces Tú?' el hombre se vuelve sospechoso.

'No los conozco. Sus rostros son desconocidos para mí. Pero ellos no están contentos, y yo siempre tengo piedad de los infelices. Quiero ir a verlos'.

'Bueno, Tú serás el primero después de unos treinta años. Todavía son pastores y trabajan para un rico herodiano de Jerusalén, que ha tomado posesión de muchos de los bienes pertenecientes a las personas que murieron ... ¡Siempre hay alguien haciendo beneficio! Tú los encontrarás con sus rebaños en las tierras altas hacia Hebrón. Pero este es mi consejo: no dejes que nadie de Belén te vea hablando con ellos. Podrías sufrir por ello. Nosotros los soportamos porque ... por el herodiano. De lo contrario....
'¡Oh! ¡El odio! ¿Por qué el odio?'

'Debido a que es justo. Ellos nos han hecho daño'.

'Ellos pensaban que estaban haciendo bien'.

'Pero hicieron daño. Que sean perjudicados. Deberíamos haberlos matado por tantas personas asesinadas por su estupidez. Pero nos habíamos vuelto estúpido nosotros mismos y después ... estuvo el herodiano'.

'Por lo tanto, incluso si él no hubiera estado allí, después del primer deseo de venganza, que todavía era excusable, ¿los habrías matado?'

'Nos mataríamos incluso ahora, si no tuviéramos miedo de su amo'.

'Hombre, te digo, no odies. No desees cosas malas. No estés ansioso por hacer cosas malas. No hay culpa aquí. Pero incluso si lo hubiera, perdona. Perdona en el nombre de Dios. Dile a los demás habitantes de Belén también. Cuando tu corazón esté libre de odio, el Mesías vendrá; tú lo Conocerás entonces, porque Él está vivo. Él ya existía cuando ocurrió la masacre. Te lo estoy diciendo. Fue culpa de Satanás, no es culpa de los pastores y de los magos que la masacre tuvo lugar. El Mesías nació aquí por ti, Él vino a traer la Luz a la tierra de Sus padres. El Hijo de una Madre Virgen de la línea de David, en las ruinas de la casa de David, Él otorgó una corriente de Gracias para el mundo y una nueva vida a la humanidad ... '

'¡Fuera! ¡Fuera de aquí! Tú eres un seguidor de ese falso Mesías, Quién sino podría ser falso, porque Él trajo la desgracia a nosotros aquí en Belén. Tú Lo estás defendiendo, así que ... "

'Calla, hombre. Soy de Judea y tengo amigos influyentes. Yo podría hacerte sentir lástima por tus estallidos de insultos dice Judas, apoderándose de las prendas de los campesinos y sacudiéndolo en un ataque de ira violenta.

'No, no, ¡fuera de aquí! No quiero problemas con la gente de Belén o con Roma o Herodes. Desapareced, malditos, si no queréis que deje mi marca en vosotros ... ¡Fuera! '

'Vamos, Judas. No reacciones. Dejémosle en su odio.

Dios no va a entrar donde hay odio amargo. Vámonos'.

'Sí, nos vamos. Pero tú tendrás que pagar por ello'.

'No, Judas, no digas eso. Son ciegos ... Nos encontraremos muchos en mi camino'.

Ellos salen y encuentran a Simón y a Juan, que están fuera, hablando con la mujer, a la vuelta de la esquina de la cuadra.

'Perdona mi esposo, Señor. No pensé que iba a causar tantos problemas ... Aquí, toma esto - "Ella le da unos huevos" -' Los comerás mañana por la mañana. Ellos han sido recientemente puestos. No tengo nada más ... Perdónanos. ¿Dónde vas a dormir?'

'No te preocupes. Yo sé dónde ir. Ve y la paz esté contigo por tu amabilidad. Adiós'.

Ellos caminan una distancia corta, sin hablar, entonces Judas estalla: 'Pero Tú ... ¿Por qué no haces que te adore? ¿Por qué no aplastar a ese blasfemo sucio en el barro? ¡En el suelo! Aplastado porque él no mostró ningún respeto por Ti, el Mesías ... ¡Oh! ¡Eso es lo que yo hubiera hecho! ¡Los samaritanos deben ser reducidos a cenizas por medio de un milagro! Es la única cosa que va a sacudirlos.

'¡Oh! ¡Cuántas veces oiré eso! ¡Pero si debo reducir a cenizas por cada pecado contra Mí! ... No, Judas. He llegado para crear, no para destruir.

'¡Sí! Y, mientras tanto, están destruyéndote a Ti. Jesús no responde.

Simón le pregunta: '¿A dónde vamos ahora Maestro?'

'Venid Conmigo, conozco un lugar'.

'Pero si Tú nunca has estado aquí después de que te fuiste, ¿cómo puedes saber?' Pregunta Judas, todavía enojado.

'Ya lo sé. No es un lugar hermoso. Pero he estado allí antes. No está en Belén ... está un poco en las afueras ... Vayamos por este camino'.

Jesús va al frente, seguido de Simón, a continuación, Judas y Juan es el último ... En el silencio, sólo roto por el murmullo de sus sandalias en los pequeños granos de grava del camino, los sonidos de llanto pueden ser escuchados.

'¿Quién está llorando?' pregunta a Jesús volviéndose.

'Es Juan. Él se ha asustado', responde Judas.

'No, yo no estaba asustado. Yo ya había puesto mi mano en el cuchillo en mi cinturón ... Entonces me acordé de las palabras que lo siguen repitiendo: 'No matar, perdonar'

'¿Por qué lloras entonces? 'Pregunta Judas.

'Porque yo sufro al ver que el mundo no ama a Jesús. Ellos no Lo conocen, y ellos no quieren conocerlo. ¡Oh! ¡Qué dolor! Como si alguien me arrancara el corazón con espinas ardientes. Como si hubiera visto a alguien pisando a mi madre o escupiendo en la cara de mi padre ... Incluso peor ... Como si hubiera visto caballos romanos comer en el Arca Sagrada y descansando en el

Santo de los Santos'.

'No llores, Mi querido Juan. Digamos por este momento presente y para los tiempos sin fin en el futuro: "Él era la Luz y Él vino a iluminar la oscuridad - pero la oscuridad no Le conoció. Él vino al mundo que se había hecho para Él, pero el mundo no Le conoció. Él vino a Su ciudad, a Su dominio, pero los suyos no Le aceptaron. ¡Oh! ¡No llores así! '

'¡Eso no ocurre en Galilea! ' dice Juan suspirando. 'Bueno, ni siquiera en Judea' dice Judas. '¡Jerusalén es la capital y hace tres días que cantaba hosannas para Ti, Mesías! No puedes juzgar desde este lugar de campesinos toscos, pastores y hortelanos. También los galileos, eso sí, no son todos buenos. Después de todo, ¿de dónde Judas, el falso Mesías, vino? Ellos dijeron ... '

"Eso suficiente, Judas. No sirve de nada enojarse. Estoy tranquilo. Mantente en calma, también. Judas, ven aquí. Quiero hablar contigo. 'Judas se acerca a Él. 'Toma esta bolsa. Irás a hacer las compras para el mañana'.

Y por el momento, ¿a dónde vamos a alojarnos?

Jesús sonríe, pero no responde.

Es oscuro y la bóveda del cielo está llena de estrellas, estrellas estrellas como en una cortina celestial, un dosel de joyas vivas repartidas en las colinas de Belén inundada en el también en el claro de luna se torna todo blanco. Los ruiseñores cantan en los árboles de aceitunas. Muy cerca, la cinta plateada de un arroyo, fuelles de Bueyes y balidos de ovejas. El aire está perfumado con el olor del heno tostado de los campos segados.

'¡Pero aquí! ... ¡No hay nada más que ruinas aquí! ¿A dónde Tú nos llevas? La ciudad está allá'.

'Ya lo sé. Ven. Seguid el arroyo, detrás de Mí. Unos pasos más y entonces ... entonces voy a ofrecerles la morada del Rey de Israel. '

Judas se encoge de hombros y se aquieta.

A unos cuantos pasos más, y luego un montón de casas en ruinas: los restos de casas ... Una cueva entre las grietas de una pared grande.
'Come in 'says the Master lifting the lamp. 'Come in. This is the nativity room of the King of Israel.'

Jesús pregunta: "¿Tienes alguna yesca? Enciéndela.

Simón enciende una pequeña lámpara que ha sacado de su mochila y se la da a Jesús.

'Ven', dice el Maestro levantando la lámpara. "Entre. Este es el cuarto de la natividad del rey de Israel. '

'¡Debes estar bromeando, Maestro! Se trata de una cueva sucia. ¡Ah! Yo no me voy a quedar aquí! La detesto: es húmeda, fría, apestosa, lleno de escorpiones y quizás también serpientes ... "

'Y sin embargo ... Mis amigos, aquí la noche del veinticinco de Kislev, la Fiesta de las Luces, Jesucristo, nació de la Virgen, el Emmanuel, el Verbo de Dios Encarnado, por el amor del hombre: Soy con Quién están hablando. También entonces, como ahora, el mundo estaba sordo a las voces del Cielo hablando a los

corazones de los hombres ... y rechazaron a la Madre ...
y aquí ... No, Judas, no apartes los ojos con disgusto de
esos murciélagos revoloteando, desde los verdes lagartos,
de esas telarañas, no levantes con disgusto tu bello
manto bordado, para que se ensucie con el suelo cubierto
de excrementos de animales. Estos murciélagos son
las nietas de los que fueron los primeros juguetes que
fueron lanzados ante los ojos del Niño, para Quien los
ángeles cantaron el "Gloria" escuchado por los pastores,
intoxicado sólo por una alegría extática, una verdadera
alegría. El verde esmeralda de los lagartos fue el primer
color que impactaron Mis ojos, el primero, después de
la cara y el vestido blanco de Mi Madre. Esas telarañas
eran las copas de mi cuna real. Este suelo ... ¡oh! No lo
piséis con desdén ... Está llena de excrementos ... pero es
santificado por Su pie, los pies de la Santa, la Santísima,
Pura, Inmaculada Madre de Dios, que dio a luz, porque
Ella fue a dar a luz, porque Dios, no el hombre, le dijo
a Ella y la cubrió con Su sombra. Ella, la impecable,
caminó sobre esto. Vosotros podéis pisar sobre este,
también. Y que la pureza difundida por Ella, por la
voluntad de Dios, se levante de las plantas de los pies a
vuestro corazón ... '

Simón está de rodillas. Juan va directo al pesebre y llora,
apoyando su cabeza contra él. Judas está aterrorizado
... él es vencido por la emoción, y ya no se preocupa por
su hermoso manto, se arrodilla sobre el suelo, toma el
borde de la tunica de Jesús y la besa y se golpea el pecho
diciendo: '¡Oh ! Mi buen Maestro, ten misericordia de la
ceguera de Tu siervo! Mi orgullo se desvanece ... Te veo
como Eres. No es el rey del que estaba pensando. Sino el
príncipe Eterno, el Padre de los siglos futuros, el Rey de
la paz. ¡Ten piedad, Señor mío y Dios mío, ten piedad de

mí! '

'Sí, ¡tienes toda Mi misericordia! Ahora vamos a dormir donde el Niño y la Virgen dormían, allí donde Juan ha tomado el lugar de la adoración de la Madre, aquí donde Simón se parece a Mi padre putativo. O, si os preferís así, voy a hablar con usted de esa noche... '

'¡Oh! Sí, Maestro, háblanos de Tu nacimiento.

'Eso puede ser una perla brillante que brilla en nuestros corazones. Y podemos decirle al mundo entero'.

'Y podemos venerar a Tu Virgen Madre, no sólo como su Madre, sino también como ... ¡como la Virgen!'

Judas fue el primero en hablar, luego Simón y Juan, cuyos rostros sonreían y lloraban cerca del pesebre.

'Venid y sentáos sobre el heno. Escuchad ... ' y Jesús les habla de la noche de Su nacimiento. " ... Como la Madre estaba cerca de su tiempo de dar a luz a Su Hijo, se emitió un decreto por el delegado imperial Publio Sulpicio Quirino por instrucciones de parte de Augusto César, cuando Sentius Saturnino era gobernador de Palestina. El decreto indicaba que un censo debía ser llevado a cabo de todo el pueblo del imperio. Los que no eran esclavos debían ir a sus lugares de origen y registrarse en los registros oficiales del imperio. José, el esposo de la Madre, era del linaje de David y la Madre también era del linaje de David. En cumplimiento del decreto, se fueron a Nazaret y llegaron a Belén, la cuna de la familia real. El clima era severo ...'

Jesús Va Al Hotel En Belén Y Predica Desde Las Ruinas De La Casa De Ana

Es temprano en una mañana soleada de verano y se ven pequeñas tiras delgadas de nubes de color rosa como pinceladas, como tiras de gasa deshilachada en una alfombra de color turquesa.

Las aves, regocijado por la luz brillante, llenan el aire con las canciones de los gorriones, mirlos y petirrojos que silban, chirridos y peleas por un tallo, un gusano o una ramita que quieren llevar a sus nidos, para comer o pasar la noche.

Golondrinas de color óxido desde el cielo se lanzan como dardos hasta el pequeño arroyo para mojar sus pechos blancos de nieve, refrescarse en el agua y capturer pequeñas moscas aún dormídas en un pequeño tallo y luego lanzarse hacia atrás hacia el cielo en un instante como una hoja bruñida, todo el tiempo, charlando alegremente.

A lo largo de las orillas del arroyo, dos motacillas de cabeza azules, vestidos con pálido gris ceniza, caminan con gracia como dos damas; sosteniendo sus largas colas adornadas con manchas negras de terciopelo. Se detienen para mirar con satisfacción sus hermosos reflejos en el agua antes de reanudar su caminata mientras que un pájaro negro, un pícaro real de la madera, se burla de ellos, silbando con su largo pico.

En el espeso follaje de un árbol de manzana silvestre que crece solo entre las ruinas, un ruiseñor llama a su compañero con insistencia, solo ella está en silencio cuando lo ve venir con una oruga larga colgando de su pico fino. Dos palomas fugitivas de ciudad escapadas de un palomar que ahora moran en libertad en una grieta en una torre en ruinas, dan rienda suelta a sus efusiones de amor; el macho seductor arrulla para el beneficio de la modesta mujer.
Con los brazos cruzados, Jesús, mira a todas las pequeñas criaturas felices y sonríe.

'¿Tú estás ya listo Maestro? 'Pregunta Simón, a espaldas de Él.

'Sí, lo estoy. ¿Los otros siguen durmiendo?'

'Sí, lo están'.

'Son jóvenes ... Me lavé en esa corriente ... El agua está tan fría que aclara la mente ... '

'Voy a lavarme ahora'.

Mientras Simón, vestido sólo con una túnica corta, se lava a sí mismo y luego se pone la ropa, Judas y Juan salen. ¡Salve, Maestro!, ¿Llegamos tarde?'

'No. Es sólo el amanecer. Pero ahora apúrense y vámonos'.

Los dos se lavan y se ponen sus túnicas y mantos.

Jesús, antes de salir, recoge algunas pequeñas flores que han crecido entre las grietas de dos piedras, y las pone en una pequeña caja de madera que ya contiene otros elementos; ' 'Voy a llevarselas a Mi Madre ... ', explica. 'Ella las amará ... Vamos'.

'¿A dónde Señor? '

'A Belén'.

'¿Otra vez? No creo que la situación sea favorable para nosotros ...'

'No importa. Vamos. Quiero mostraros dónde vinieron los Reyes Magos y donde yo estuvimos'.

'En ese caso, escucha. Disculpa, ¿si, Señor? Pero déjame hablar a mí. Vamos a hacer una cosa. En Belén y en el hotel, déjame hablar y hacer preguntas. Vosotros los galileos no son del agrado terriblemente en Judea, y mucho menos aquí que en cualquier otro lugar. No, vamos a hacer esto: vuestra ropa muestra que Tú y Juan son galileos. Es demasiado fácil. Y luego ... ¡el pelo! ¿Por qué insistes en llevarlo tan largo? Simón y yo vamos a cambiar mantos con vosotros. Simón, dale el tuyo a Juan, yo le daré el mio al Maestro. ¡Eso es todo! ¿Ves? Ya se parecen un poco más a los habitantes de Judea. Ahora toma esto. 'Y él se quita el paño que cubre su cabeza: de color rojo, amarillo, marrón y verde a rayas de material, como su manto, manteniéndolo por un cordón de color amarillo, lo coloca sobre la cabeza de Jesús, ajustándolo a lo largo de sus mejillas para ocultar Su pelo rubio. Juan pone el verde muy oscuro de Simón. '¡Oh! Eso es mejor ahora. Tengo un sentido práctico'.

'Sí, Judas, tienes un sentido práctico. Eso es cierto. Mira, sin embargo, que no exceda el otro sentido'.

'¿Cuál, Maestro? '

'El sentido espiritual'.

'¡No! ¡No! Pero en ciertos casos vale la pena ser más un político que embajador. Y escucha ... se bueno un poco más de tiempo ... es por Tu propio bien ... No me contradigas si debo decir algo ... algo ... que no es cierto'.

'¿Qué quieres decir? ¿Por qué mentir? Yo soy la Verdad y no quiero ninguna mentira en Mí o alrededor de Mí'.

'¡Oh! Sólo voy a decir mentiras a medias. Me gustaría decir que todos estamos regresando de lugares remotos, de Egipto, por ejemplo y que estamos buscando noticias de queridos amigos. Me gustaría decir que somos habitantes de Judea que volvímos del exilio. Después de todo, hay algo de verdad en todo, y continuaré hablando y ... una mentira más, una mentira menos ... '

'¡Pero Judas! ¿Por qué engañar? '

'¡No importa Maestro! El mundo vive en el engaño. Y a veces el engaño es una necesidad. Bueno: para hacerte feliz a Ti, voy a decir que sólo venimos desde lejos y de que somos habitantes de Judea. Lo cual es cierto para tres de cada cuatro de nosotros. Y tú, Juan, por favor, no hables en absoluto. Mantente a distancia'.

'Voy a estar en silencio'.

'Entonces ... si todo sale bien ... diremos el resto. Pero yo no lo creo ... Yo soy astuto, capto cosas a la vez'.

'Veo eso Judas. Pero prefiero que seas simple'.

'Esto no ayuda mucho. En Tu grupo, voy a ser el encargado de las misiones difíciles. Déjame llevarlas a cabo. Jesús se resiste. Pero Él se rinde'.

'Ellos parten, caminando por primera vez alrededor de las ruinas y luego a lo largo de un enorme muro sin ventanas desde el otro lado viene rebuznos, mugidos, relinchos, balidos y el grito extraño de camellos. Siguen el ángulo de la pared y emergen a la plaza de Belén con una fuente en su centro. La forma de la fuente sigue siendo inclinada como lo fue en la noche de la visita de los Reyes Magos, pero al otro lado de la calle donde está la pequeña casa que en la misma noche se había bañado por los rayos plateados de la Estrella, en la actualidad es sólo un gran brecha sembrado de ruinas, coronadas por la pequeña escalera exterior y su descanso.

Jesús mira y suspira. La plaza está llena de gente alrededor de los comerciantes de alimentos, utensilios de cocina, ropa y otros artículos, todos se extienden sobre esteras o en cestas en el suelo, con los mercaderes agazapados en el centro de sus ... tiendas o de pie, gritando y gesticulando con compradores tacaños.

'Es día de mercado', dice Simón.

La puerta principal del hotel, donde los Reyes Magos se habían quedado, está muy abierta y una línea de burros cargados de mercancías está saliendo. Judas entra por primera vez y mira a su alrededor con altivez y se apodera de un buscavidas sucio en mangas cortas, con su corta túnica que le llega hasta las rodillas. ¡Estafador!, Grita. '¡El casero! ¡Rápido! ¡Se rápido!. No estoy acostumbrado a que hagan esperar a la gente'.

El chico se escapa, arrastrando una escoba detrás de él.

'¡Pero Judas! ¡Qué modales!'

'Cállate, Maestro. Déjame en paz. Es importante que nos consideren ricos que vienen de la ciudad'.

El arrendador se apresura, y se inclina hacia abajo varias veces ante Judas, que se ve impresionante en el manto de color rojo oscuro de Jesús que lleva en la parte superior de su suntuosa túnica amarilla llena de flecos.

'Hemos venido de lejos, hombre. Somos habitantes de Judea de las comunidades asiáticas. Este caballero, nacido en Belén y perseguido, ahora está buscando algunos queridos amigos. Estamos con Él. Hemos venido de Jerusalén, donde adoramos al Altísimo en Su Casa. ¿Puedes darnos alguna información?'

'Mi señor ... tu siervo ... lo hará todo por ti. Dame tus órdenes'.

'Queremos un poco de información sobre muchos ... y en particular sobre Ana, la mujer cuya casa estaba enfrente de tu hotel'.

'¡Oh! ¡pobre mujer! La encontrarás sólo en el seno de Abraham. Y sus hijos con ella'.

'¿Está muerta? ¿Cómo?'

'¿No sabes de la masacre de Herodes? Todo el mundo hablaba de ello e incluso César le llama "un cerdo que se alimenta de sangre". ¡Oh! ¿Qué he dicho? ¡No me informe! ¿De verdad eres de Judea?'

'Aquí está el signo de mi tribu. ¿Entonces? Habla'.

'Ana fue asesinada por los soldados de Herodes, con todos sus hijos, excepto una hija'.

'¿Pero por qué? ¿Ella era tan buena? '

'¿Tú la conociste? '

'Sí, muy bien'. Judas pone cara de descarado.

'La mataron porque ella dio hospitalidad a aquellos que dijeron que eran el padre y la madre del Mesías ... Ven aquí, en esta habitación ... Las paredes tienen oídos y es peligroso hablar de ciertas cosas'.

Entran en una habitación oscura baja y se sientan en un sofá bajo.

'Ahora ... yo tenía una nariz maravillosa. Yo no soy un hotelero para nada. Yo nací aquí, el hijo de los hijos de los hoteleros. Las artimañas están en mi sangre. Y no me las llevo. Podría haber encontrado un hueco para ellas. Pero ... pobres, galileos desconocidos como eran ... ¡Oh! no! Ezequías no caerá en la trampa! Y caí, sentí ... sentí que eran diferentes ... esa mujer ... Sus ojos ... algo ... no, no ... Ella debe haber tenido un demonio dentro de Ella y Ella le habló a él. Y Ella lo trajo ... no para mí ... sino para la ciudad. Ana era más inocente que un corderito, y ella les dio hospitalidad a los pocos días, cuando Ella ya tenía al Niño. Dijeron que él era el Mesías ... ¡Oh! ¡el dinero que hice durante esos días! ¡No hubo nada parecido al censo! Mucha gente vino aquí, que no tenía nada que ver con el censo. Llegaron incluso desde la orilla del mar, incluso desde Egipto para ver ... y ¡se prolongó durante meses! ¡Qué beneficio hice! Los últimos en llegar fueron tres reyes, tres personas, tres poderosos magos ... ¡Yo no lo sabía! ¡Qué tren! ¡Uno infinito!

Ellos tomaron todos los establos y pagaron en oro por tanto heno que pudo haber durado un mes, y se fueron al día siguiente, dejando todo aquí. ¡Y los regalos que le dieron a los estafadores y las mujeres!

¡Y para mí! Oh! Yo sólo puedo hablar bien del Mesías, si Él era verdadero o falso. Me hizo ganar bolsas de dinero. Y no tuve ningún desastre. Ningún miembro de mi familia murió, porque acababa de casarme. Así que ... ¡pero los otros!'

'Nos gustaría ver los lugares de la masacre'.

'¿Los lugares? Pero cada casa era un lugar de masacre. Había muertos por millas a la redonda en Belén. Venid conmigo'.

Ellos suben por una escalera a un gran techo de terraza desde donde se puede ver una gran cantidad de la campiña y todo Belén se extendido sobre las colinas como un abanico abierto.

¿Podéis ver las ruinas? Por allí también las casas fueron quemadas porque los padres defienden a sus hijos con sus armas. ¿Puedes ver por allí, esa cosa como un pozo cubierto de hiedra? Esos son los restos de la sinagoga. La sinagoga fue incendiada con el arquero de la sinagoga que declaró que era en verdad el Mesías.... incendiado por los sobrevivientes, impulsados salvajemente debido a la masacre de sus hijos. Tuvimos problemas después de eso... Y de allí, y allí, allí ... ¿véis esos sepulcros? Las víctimas están enterradas allí... Parecen como prqueñas ovejas esparcidas por todo el verde, tan lejos como el ojo puede ver. Todos los inocentes y sus padres y madres ... ¿Véis ese tonel? Su agua era roja después de que los asesinos se lavaron las armas y las manos en el. Y el arroyo en la parte de atrás aquí, ¿véis eso? Fue rosa con la sangre que había corrido en él desde las alcantarillas. Y ahí, ahí, frente a nosotros. Eso es lo que queda de la casa de Ana.

Jesús está llorando.

'¿La conocías bien? '

Judas responde: 'Ella era como una hermana para Su Madre. ¿Es verdad, amigo mío?'

'Sí', dice Jesús, simplemente.

'Entiendo', comenta el hotelero que se vuelve pensativo. Jesús se inclina hacia delante para hablar con Judas en voz baja.

'A mi amigo le gustaría ir en esas ruinas', dice Judas.

'¡Que Él vaya! ¡Pertenecen a todo el mundo! '

Vuelven abajo, dicen adiós y salen dejando al anfitrión, que había tenido la esperanza de ganar algo, decepcionado.

Cruzan la plaza y suben la escalerilla izquierda de pie sobre las ruinas de la casa de Ana y en el rellano, que está unos dos metros por encima de la plaza. Jesús está de pie en contra de la pequeña pared que encierra el

rellano, sin nada detrás de Él. Desde la plaza, Su figura está claramente recortada contra el sol que brilla detrás de Él, formando un halo alrededor de su cabello dorado y volviendo su túnica de lino blanca - la única prenda todavía en Él - un blanco reluciente. Su manto se ha deslizado por Sus hombros y ahora se encuentra a Sus pies como un pedestal multicolor.

'Desde aquí ', dice Jesús : 'Mi madre Me hizo agitar la mano a los Savios Reyes Magos y nos marchamos de aquí para Egipto'.

La gente mira a los cuatro hombres en las ruinas y uno pregunta: ' ¿Son los familiares de Ana? '

'Ellos son amigos'.

'No hagais ningún daño al pobre mujer muerta ...' una mujer grita ' ... no lo hagais, ya que vuestros otros amigos lo hicieron cuando estaba viva, y luego huyeron'.

Jesús está de pie en el rellano contra el pequeño muro de cierre con nada detrás de Él, sino el fondo descuidado de lo que fue el jardín de la cocina de Ana y el campo ahora devastado y cubierto de escombros. El contorno de Su figura está claramente cortada contra el sol que brilla detrás de Él: forma un halo alrededor de Su cabello dorado, y hace que Su túnica blanca de lino se vea aún más blanca, que es la única prenda de Él, ya que el manto se ha deslizado fuera de Sus hombros y ahora se extiende a Sus pies como un pedestal multicolor. Pero la voz poderosa de Jesús llena la plaza: '¡Hombres de Judea! ¡Hombres de Belén, escuchad! Las mujeres de la sagrada tierra a Raquel, escuchad! Escuchad a Aquél que desciende de David, y havbiendo sufrido persecuciones, se ha convertido en digno de hablar, y hablar con vosotros para daros luz y confort. Escuchad'.

Las personas dejan de gritar, pelear y comprar y se reúnen.

'¡Él es rabino!'

'Desde luego, viene de Jerusalén'.

'¿Quién es Él? '

'¡Qué hombre tan guapo! '

'¡Y qué voz! '

'¡Y Sus modales! '

'¡Por supuesto, Él es de la casa de David!'

'Él es uno de los nuestros, entonces!'

'¡Vamos a escucharlo a Él! '

La multitud está reunida cerca de la pequeña escalera que parece un púlpito.

'En el Génesis se dice: "Yo os haré enemigos el uno del otro: tú y la mujer: Ella te aplastará la cabeza y tú le herirás en el talón". También dice: " Yo multiplicaré dolores en tus preñeces ... y el suelo te dará zarzas y cardos. "Esa fue la sentencia contra el hombre, la mujer y la serpiente. He venido desde lejos a venerar la tumba de Raquel, y en la brisa de la tarde, en el rocío de la noche, en la canción de la mañana quejumbrosa del ruiseñor, oí viejos sollozos de Rachel repitidos, y han sido repitidos por boca de muchas madres de Belén, dentro de sus tumbas o dentro de sus corazones. Y oí la rugida tristeza de Jacobo en el dolor de los esposos viudos privados de sus esposas, a quienes el dolor había matado ... lloro con vosotros ... Pero escuchad, hermanos de Mi tierra. Belén; la tierra bendita, la menor de las ciudades de Judea, pero la más grande ante los ojos de Dios y de la humanidad, despertó el odio de Satanás, ya que fue la cuna del Salvador, como dice Miqueas, destinado a ser el tabernáculo en el que la Gloria de Dios, el fuego de Dios, Su amor Encarnado fue a descansar.

'Yo os haré enemigos el uno del otro: tú y la mujer; Ella te aplastará la cabeza y tú le herirás en el talón. "¿Cuál es la enemistad mayor que el que tiene como objetivo a los niños de una madre, el corazón de una mujer? ¿Y que el talón está ahí más fuerte que la madre del Salvador? La venganza de Satanás derrotado fue por consiguiente, una natural: él no golpeó en el talón, pero si en los corazones de las madres, a causa de la Madre.

¡Oh! ¡Los dolores se multiplicaron cuando los niños se perdieron después de haberlos dado a luz! Oh! maravilloso fue el problema de ser un padre sin hijos después de la siembra y trabajando duro para la descendencia! Y, sin embargo, Belén, ¡alégrate! Vuestra sangre pura, la sangre de los inocentes ha preparado una manera púrpura ardiente para el Mesías ..."

Ante la mención del Salvador y la Madre, la multitud se vuelve cada vez más turbulenta y ahora está mostrando claros signos de agitación.

"Cállate, Maestro y vámonos", dice Judas.

Pero Jesús continúa: "... para que el Mesías que la Gracia

de Dios- Padre salvó de los tiranos para preservarlo a Él para Su pueblo y su salvación y ... '

La voz aguda de una mujer gritando histéricamente corta a través "..." Cinco, cinco di a luz, y ninguno se encuentra ahora en mi casa. ¡Pobre de mí! '

Comienza el alboroto.

Otra mujer, se da la vuelta en el polvo, se desgarra su vestido para sacar su pecho mutilado sin pezón, gritando: '¡Aquí, aquí en esta mama mataron a mi hijo primogénito! ¡La espada le cortó la cara y mi pezón al mismo tiempo. ¡Oh! ¡mi Ellis! '

¿Y qué hay de mí? ¿Y yo qué? No es mi palacio real. Tres tumbas en una, vigilados por el padre: mi esposo e hijos juntos. Ahí, ahí! Si hay un Salvador, que Él me devuelva mis hijos, mi marido, que me salve de la desesperación, de Belcebú Él debe salvarme'.

Todos ellos gritan: '¡Nuestros hijos, nuestros maridos, nuestros padres! Dejad que Él los devuelva, si Él existe!'

Jesús agita Sus brazos imponiendo silencio. 'Hermanos de Mi tierra: Me gustaría devolveros a sus hijos, en su carne. Pero yo os digo: sed buenos, resígnaos, perdonad, tened esperanza, alegría de la esperanza y regocijaos con una certeza: que pronto tendréis a vuestros hijos, los ángeles en el Cielo, porque el Mesías está a punto de abrir las puertas del Cielo, y si son justos, la muerte será una nueva Vida y un nuevo amor ... '

'¡Ah! ¿Eres Tú el Mesías? En el nombre de Dios, dinos'.

Jesús baja Sus brazos con un getso tan dulce y amable

como si estuviera abrazándolos a todos, y dice:

'Sí, lo soy'.

'¡Vete! ¡Fuera! Es Tu culpa, entonces! 'Hay silbidos y abucheos y unos cortes de piedra a arrojadas al rellano. Judas reacciona instintivamente, salta delante de Jesús, de pie en la pared baja del rellano, con su manto abierto ampliamente y sin temor, protege a Jesús de entre las piedras. La piedra le pega a Judas en la cara, expulsando sangre, pero él le grita a Juan y Simón: "Llevad a Jesús. Detrás de esos árboles. Os seguiré. ¡Id en nombre del Cielo! ' Y él grita a la multitud: " ¡Perros malos! Yo soy del Templo y le informaré al Templo y a Roma'.

Por un momento, la multitud se asusta. Luego, la lluvia de piedras se reanuda, pero por suerte, su objetivo está fuera de alcance. Y Judas, sin miedo, recoge una piedra que le lanzaron y la tira hacia atrás sobre la cabeza de un viejo hombre que está gritando como una urraca al que se la arrancó con vida! Judas también responde con lenguaje ofensivo a las maldiciones de la multitud.

Cuando la multitud trata de subir la altura de su pedestal, él desciende de la pequeña pared, toma rápidamente una antigua rama de la tierra, y sin piedad los azota en la espalda, cabeza y manos. Algunos soldados se apresuran al lugar y con sus lanzas hacen su camino a través de la multitud: '¿Quién eres tú? ¿Por qué esta pelea? '

"Yo soy de Judea y yo he sido atacado por estos plebeyos. Un rabino, bien conocido por los sacerdotes, estaba conmigo. Él estaba hablándole a estos perros. Pero se hicieron salvajes y nos atacaron'.

'¿Quién eres? '

'Judas de Queriot, fui un hombre del Templo. Ahora, soy un discípulo del rabino Jesús de Galilea y un amigo de Simón el fariseo, de Johanán saduceo, y de José de Arimatea, el Consejero del Sanedrín, y finalmente, de Eleazar ben Ana, gran amigo del procónsul, y tú puedes comprobarlo'.

'Lo haré. ¿A dónde vas? '

'Voy a Queriot con mi amigo, luego a Jerusalén'.

'Vete. Vamos a protegerte la espalda'.

Judas le da unas monedas al soldado. Es ilegal ... pero bastante común, porque el soldado les lleva con rapidez y cautela, saluda y sonríe. Judas salta de su plataforma y pasa por el campo sin cultivar, saltando de vez en cuando hasta que llega donde están sus compañeros.

'¿Estás herido gravemente?'

'¡No, no es nada, Maestro! En cualquier caso, es por Ti ... Pero yo les di una paliza también. 'Debo de estar cubierto de sangre ... "

'Sí, en la mejilla. Hay un riachuelo aquí'.

Juan humedece un pequeño trozo de tela y limpia la mejilla de Judas.

'Lo siento, Judas ... Pero mira ... para decirles que somos habitantes de Judea, de acuerdo con tu buen sentido práctico ... '

'Ellos son bestias. Creo que ahora Tú estás convencido,

Maestro. Y espero que no insistas... '

'¡Oh! no! No porque tenga miedo. Pero debido a que es inútil, hace un momento. Cuando ellos no nos quieren, no debemos maldecirlos, sino retirarnos a orar por los pobres, las personas necias, que mueren de hambre y no pueden ver el pan. Vayamos a lo largo de este camino fuera de la vía, a los pastores, si podemos encontrarlos. Creo que seremos capaces de seguir adelante con el sapo a Hebrón... '

'¿Para tener más piedras lanzadas contra nosotros? '

'No. Para decirles: "Estoy aquí'.

'¿Qué? ... Ellos ciertamente nos golpearon. Ellos han estado sufriendo desde hace treinta años a causa de Ti'.

'Vamos a ver'.

Y desaparecen en un poco de madera fresca, espesa y sombreada.

Jesús Y Los Pastores Elías, Levi Y José

Las colinas que se elevan más y más y el bosque crece más grueso cuanto crece más lejos de Belén hasta que forman una cadena real de la montaña. Jesús, subiendo primero, mira en silencio alrededor como alguien ansioso de encontrar algo. Él escucha, más a las voces de los bosques que a los apóstoles que están a pocos metros detrás de Él y están hablando uno con otro. Escuchando, Él capta el ding- dong de una campana llevada por el viento y sonríe. Entonces volviéndose, Él dice;

'Oid las campanas de las ovejas'.

'¿Dónde Señor?'

'Creo que cerca de esa loma. Pero la madera Me impide ver'.

Debido al calor, los apóstoles se han quitado los mantos, los han enrollado y los están llevando a la espalda. Sin decir una palabra, Juan también se quita la túnica exterior y ahora, sólo con la túnica interior corta, él lanza sus brazos en torno a un buen tronco de altura de un árbol de la ceniza y sube.... hasta donde puede ver.

'Sí, Maestro. Hay muchos rebaños y tres pastores allí, detrás de ese matorral'.

Él vuelve a bajar y ellos proceden, seguros de su camino.

'¿Serán ellos?'

'Vamos a preguntarles, Simón y si no lo son, van a decirnos algo ... Ellos se conocen entre sí'.

Después de cerca de un centenar de metros, ellos emergen en una amplia pradera verde totalmente rodeada de gigantescos árboles muy viejos y muchas ovejas que pastan en la espesa hierba de la pradera ondulada. También hay tres hombres, velando por las ovejas: Uno viejo con el pelo blanco, un segundo hombre de unos treinta años y el tercero de unos cuarenta años de edad.

'Ten cuidado, Maestro. Son pastores ... ' advierte Judas, cuando ve a Jesús acelerando su paso.

Pero, sin responderle a Judas, Jesús se apresura, alto y guapo en su túnica blanca y con la puesta de sol en frente de Él, parece un ángel..

'La paz sea con vosotros, Mis amigos' saluda cuando llega al borde de la pradera.

Los tres hombres se dan veulta, sorprendidos. Hay una pausa en silencio.... y entonces el hombre mayor le pregunta:

'¿Quién eres Tú? '

'Aquel que os ama'.

'Tú serías la primera vez en muchos años. ¿De dónde eres Tú? '

'De Galilea'.

'¿De Galilea? ¡Oh! 'El hombre lo observa cuidadosamente .... y los otros dos se acercan más.

'De Galilea' repite el pastor. Y en voz muy baja, como quien se expresa a sí mismo, añade: "Y vino también de Galilea' en voz alta otra vez, el pastor vuelve a preguntar '¿De qué ciudad, mi Señor?'

'De Nazaret'.

'¡Oh! Bueno, dime. Un Niño que jamás volvió a Nazaret, un Niño con una mujer que se llamaba María, y un hombre llamado José, un Niño, que era aún más bello que Su Madre, tan hermosa que nunca he visto una flor más justa en las laderas de Judea? Un Niño nacido en Belén de Judea, en el momento del edicto? Un Niño que huyó después, afortunadamente para el mundo. Un Niño, ¡oh! Daría mi vida sólo para saber si está vivo ... Él debe ser un hombre por ahora'.

'¿Por qué dice que Su vuelo fue una gran fortuna para el mundo?'

'Porque Él era el Salvador, el Mesías y Herodes lo quería muerto. Yo no estaba allí cuando huyó con Su Padre y Su Madre. Cuando me enteré de la masacre y regresé ... porque yo también tenía hijos (solloza), mi Señor, y una esposa ... (solloza), y me enteré de que habían sido asesinados (solloza de nuevo), pero te juro por el Dios de Abraham, yo tenía más miedo por Él que por mi propia familia - oí que Él había huido y yo ni siquiera podía preguntar; ni siquiera podía llevar a mis propias criaturas sacrificadas ... Ellos lanzaron piedras contra mí, como lo hacen con los leprosos y los impuros, me trataron como a un asesino... y tuve que esconderme en el bosque, y vivir como un lobo ... hasta que encontré a un amo. ¡Oh! ya no es Ana ... él es duro y cruel ... Si una oveja se hace daño, si un lobo se alimenta de un cordero, él tampoco me pega hasta sangrar o toma mi pobre salario, y tengo que trabajar en el bosque para otras personas, yo debo hacer algo, para pagarle el triple del valor.

Pero eso no importa. Le he dicho siempre al Altísimo: " Déjame ver Tu Mesías, por lo menos me hizo saber que Él está vivo, y todo el resto no es nada. "Mi Señor, Te he dicho cómo la gente en Belén me trataron y cómo mi mestrao me trata. Podría haberles pagado con sus propias monedas, podría haberles hecho daño, robado, por lo que no iba a sufrir bajo mi amo. Pero yo preferí sufrir, para perdonar, para ser honesto, porque los ángeles dijeron: "¡Gloria a Dios en el cielo y paz en la tierra a los hombres de buena voluntad " '

'¿Eso es lo que dijeron?'
'Sí, mi Señor, Tú debes creer, por lo menos Tú, que eres bueno. Tú debes saber y creer que ha nacido el Mesías. Nadie más lo creería. Pero los ángeles no mienten ... y no estábamos borrachos, como ellos decían. Este hombre aquí, era un niño entonces, y él fue el primero en ver al ángel. Él bebía solo leche. ¿Cómo puede la leche hacerte un borracho? Los ángeles dijeron: "Hoy, en la ciudad de David nació el Salvador, que es Cristo, el Señor". Y aquí es una señal para vosotros. Vais a encontrar un Niño envuelto en pañales acostado en un pesebre.

'¿Dijeron eso exactamente? ¿No los malinterpretaste? ¿No estás equivocado, después de tanto tiempo?'.

'¡Oh! no! ¿No es así, Levi? Para no olvidar, - no podríamos olvidarlo, en ningún caso, porque eran palabras celestiales, y están escritas en nuestros corazones con un fuego celestial - cada mañana, cada tarde, cuando el sol se levanta, cuando la primera estrella comienza a brillar, nosotros las repetimos como una oración, como una bendición, para tener fortaleza y consuelo en Su nombre y en el de Su Madre'.

'¡Ah! Tú dices: '¿Cristo?'

'No, mi Señor. Nosotros decimos: "¡Gloria a Dios en el cielo y paz en la tierra a los hombres de buena voluntad, a través de Jesucristo que nació de María en un establo en Belén y Quién, envuelto en pañales, se encontraba en un pesebre, Aquel que es el Salvador del mundo"'.

'Pero, en fin, ¿a quien estás buscando?'

"Jesucristo, el Hijo de María, el Nazareno, el Salvador".

'Soy Yo' Y Jesús está radiante mientras Él se revela a Sus amantes perseverantes, fieles y pacientes.

¡Tú! Oh! Señor, Salvador, nuestro Jesús! 'Los tres hombres se postran en el suelo y besan los pies de Jesús, llorando de alegría.

'Poneos de pie. Levantáos. Elias y tú, Levi y tú, cuyo nombre no sé'.

'José, el hijo de José'.

'Estos son Mis discípulos, Juan, un galileo, Simón y Judas, habitantes de Judea'.

Los pastores ya no están postrados en el suelo, pero de rodillas, sentados sobre sus talones. Y así, ellos adoran al Salvador con ojos de amor y los labios temblorosos, mientras que sus rostro palidecen y se ruborizan con alegría. Jesús se sienta en el césped.

'No, mi Señor. Tú, Rey de Israel, no debes sentarte en el césped'.

'No importa, Mis queridos amigos. Yo soy pobre. Un carpintero en la medida en que el mundo se refiere. Yo soy rico sólo en Mi amor por el mundo, y en el amor que recibo de la gente buena. He venido para quedarme con vosotros, para compartir la comida de la noche con vosotros y dormir a vuestro lado en el heno, y ser confortado por vosotros... "

'¡Oh! ¡comodidad! Nosotros somos brutos y perseguidos'.

'Soy perseguido, también. Pero vosotros Me dais lo que busco: el amor, la fe y la esperanza, una esperanza que va a durar por años y dará flores. ¿Veis? Vosotros esperabais por Mí y habéis creído, sin la menor duda, que yo era el Mesías. Y Yo he venido a vosotros'.

'¡Oh! ¡Sí! Tú has venido. Ahora bien, aunque me muera, no voy a estar molesto porque no esperé en vano'.

'No, Elías. Vivirás hasta el triunfo de Cristo y después. Tú viste Mi amanecer, tú debes ver Mi gloria. ¿Y qué hay de los otros? Tenías doce: Elías, Levi, Samuel, Jonás, Isaac, Tobías, Jonathan, Daniel, Simeón, Juan, José, Benjamín. Mi Madre siempre Me menciona vuestros nombres.

Porque vosotros erais Mis primeros amigos'.

'¡Oh! 'Los pastores están cada vez más conmovidos'.

"¿Dónde están los demás?'

'El viejo Samuel murió de viejo hace unos veinte años. José fue asesinado porque luchó en la puerta del recinto para dar tiempo a su esposa que acababa de ser madre unas horas antes, para escapar con este hombre, a quien tomó conmigo por el bien de mi amigo ... también para tener niños alrededor de mí una vez más. Llevé a Levi también conmigo ... Él fue perseguido. Benjamín es pastor en el Líbano con Daniel. Simeón, Juan y Tobias, que ahora quiere ser llamado Mateo en memoria de su padre, que también fue asesinado, son discípulos de Juan.

Jonás trabaja en la llanura de Esdrelón de un fariseo. Isaac sufre mucho de la espalda que se dobla en dos. Él vive solo en la extrema pobreza en Juta. Nosotros le ayudaremos tanto como podemos, pero todos hemos sido muy afectados y nuestra ayuda es como gotas de rocío en un incendio. Jonathan es ahora el sirviente de uno de los grandes hombres de Herodes'.

'¿Cómo tú y sobre todo Jonathan, Jonás, Daniel y Benjamín obtuvieron esos puestos de trabajo?'

"Me acordé de Tu pariente Zacarías ... Tu Madre me había enviado a él. Cuando estábamos en las gargantas de las montañas de Judea, fugitivos y malditos, los llevé a él. Él era bueno con nosotros. Él nos protegió y nos dió de comer. Y él encontró trabajo para nosotros. Él hizo lo que pudo. Yo ya había tomado toda la manada de

Ana para el herodiano ... y me quedé con él ... Cuando el Bautista, convertido en hombre, comenzó a predicar, Simeón, Juan y Tobias fueron a él'.

'Pero ahora el Bautista está en la cárcel'.

'Sí, y ellos están cerca de Maqueronte, con unas cuantas ovejas, para no despertar sospechas. Un hombre rico les dio la ovejas, un discípulo de Tu pariente Juan'.

'Me gustaría ver a todos'.

'Sí, Mi Señor. Iremos y les diremos: "Venid, Él está vivo. Él se acuerda de nosotros y nos ama"',

'Y Él quiere que seáis Sus amigos'.

'Sí, Mi Señor'.

"Pero iremos primero con Isaac. ¿Y dónde están enterrados Samuel y José?'

'Samuel en Hebrón. Él permaneció al servicio de Zacarías. José ... no tiene tumba. Fue quemado con la casa'.

'Él ya no está en el cruel fuego, pero en las llamas del amor de Dios y pronto estará en Su gloria. Os estoy diciendo, y sobre todo a ti, José, el hijo de José. Ven acá, para que yo pueda darte un beso para agradecerle a tu padre. '

'¿Y mis hijos?'

'Son ángeles, Elías. Los ángeles que repiten el "Gloria", cuando se coronó el Salvador'.

'¿Rey? '

'No, Redentor. ¡Oh! ¡Una procesión de personas justas y santos! ¡Y delante habrán falanges blancas y moradas de los mártires! Tan pronto como se abran las puertas del Limbo, ascenderemos juntos al Reino eterno. Y entonces vosotros llegaréis y encontraréis sus padres, madres e hijos en el Señor! 'Creedme'.

'Sí, Mi Señor'.

'Llámame: Maestro. Está oscureciendo, la primera estrella de la tarde empieza a brillar. 'Decid vuestra oración antes de la cena'.

'Vosotros no. Tú dila por favor'.

Los discípulos y pastores permanecen de rodillas, mientras que Jesús se levanta y con los brazos extendidos, Él reza:

"Gloria a Dios en las Alturas, y paz en la tierra a los hombres de buena voluntad que han merecido ver la Luz y servirla. El Salvador es uno de ellos. El Pastor de la línea real está con Su rebaño. La estrella de la mañana se ha levantado. ¡Alegraos, gente justa! Regocijaos en el Señor. El que hizo las bóvedas del cielo, y las ha sembrado de estrellas, colocado el mar en los límites de la tierra, Quien creó los vientos y la lluvia, y fija el curso de las estaciones para dar pan y vino a sus hijos, ahora Él os envía un alimento más Sublime: el Pan vivo que desciende del Cielo, el Vino de la vid eterna. Venid a Mí, vosotros sois los primeros de Mis adoradores. Venid a conocer al Padre Eterno en la verdad, para seguirlo en santidad y recibir Su recompensa eterna'.

Los pastores ofrecen pan y leche fresca, y como sólo hay tres calabazos vacías usadas como cuencos, Jesús es el primero en comer, con Simón y Judas. Luego Juan, a quien Jesús entrega Su copa, con Leví y José. Elías es el último.

Las ovejas han dejado de pastorear y ahora están reunidas en un grupo compacto tal vez en espera de ser llevadas a su recinto. Los tres pastores conducen a las ovejas al bosque, a un cobertizo rústico hecho con ramas y rodeado por cuerdas. Entonces afanosamente, hacen las camas de heno para Jesús y sus discípulos, después de lo cual encienden fogatas para mantener a los animales salvajes a distancia.

Judas y Juan acuestan y cansados, y ni bien lo hacen, caen rendidos dormidos. A Simón le gustaría hacer compañía a Jesús pero muy pronto se duerme, sentado en el heno y apoyado contra un poste.

Jesús permanece despierto con los pastores y hablan de José, María, la huida a Egipto, Su regreso … y después de estas preguntas sobre la amistad amorosa, los pastores hacen preguntas más nobles como lo que pueden hacer para servir a Jesús? ¿Cómo ellos, pobres y brutos pastores, serán capaces de hacer algo?

Y Jesús les enseña y luego explica: 'Ahora iré a través de Judea. Mis discípulos mantendrán en contacto con vosotros todo el tiempo. Más adelante os dejaré venir. Mientras tanto, estad juntos. Aseguráos de que todos vosotros estáis en contacto unos con otros y que todo el mundo sabe que estoy aquí, en este mundo, como Maestro y Salvador. Dejad que todo el mundo lo sepa, lo mejor que pueda. No promete que seráis creídos. Me han burlado y golpeado. Ellos harán lo mismo con vosotros.

Pero vosotros habéis sido fuertes y justos en vuestra larga espera, persisteis en ser así, ahora vosotros sois Míos. Mañana, iremos hacia Juta. Luego a Hebrón. ¿Podéis venir?'

'Por supuesto que podemos. Los caminos son de todos y los pastos de Dios. Sólo Belén está prohibido por un odio injusto. Los otros pueblos saben ... pero se burlan de nosotros, llamándonos "borrachines". Así no vamos a ser capaces de hacer mucho aquí'.

'Os emplearé en otros lugares. Yo no os abandonaré'.

'¿Para todas nuestras vidas?'

'Para todos Mi vida'.

'No, Maestro, moriré primero. Soy viejo'.

'¿Lo crees así? Yo no. Una de las primeras caras que Yo vi, Elías, fue la tuya. También será una de las últimas. Te llevaré Conmigo, impreso en Mis ojos, la imagen de tu rostro trastornado por el dolor de Mi muerte. Pero después, atesorarás en tu corazón el recuerdo de la alegría de una mañana de triunfo y por lo tanto, esperarás la muerte ... Muerte: el encuentro eterno con Jesús, a Quien tú adorabas cuando eras un bebé. También entonces los ángeles cantarán la Gloria: "para el hombre de buena voluntad" '.

Jesús En Juta Con El Pastor Isaac

Es temprano en la mañana y el tintineo plateado de un pequeño torrente llena el valle, sus aguas espumosas fluyen hacia el sur, entre las rocas, la difusión de su frescura florece hacia fuera sobre los pequeños pastos a lo largo de sus orillas, pero su humedad parece subir a las pistas muy verdes de las colinas, desde el suelo a la derecha a través de los matorrales y arbustos de los matorrales y llega hasta la cima de los altos árboles de la madera, en su mayoría las nogales, que le dan a la pendiente de sus hermosos tonos variados de color verde esmeralda. Aquí y allá, en la madera hay muchos espacios verdes abiertos cubiertos de hierba espesa que hace buenos pastos para los rebaños sanos.

Jesús camina hacia el torrente con Sus discípulos y los tres pastores y de vez en cuando, Él se detiene con paciencia para esperar a una oveja que ha quedado atrás o un pastor que ha tenido que correr detrás de un cordero que se ha ido por el camino equivocado- el Buen Pastor, Él se ha provisto a sí Mismo con una larga rama para despejar Su camino desde las ramas de mora, el espino y clematis que sobresalen en todas las direcciones y capturan las prendas de vestir, y el palo completa Su

figura pastoral.

'¿Veis? Juta está ahí arriba. Cruzaremos el torrente; hay un vado, que es muy útil en verano, sin tener que utilizar el puente. Hubiera sido más rápido para llegar a través de Hebrón. Pero Tú no querías que eso'.

No. Iremos a Hebrón después. Siempre debemos ir primero a los que sufren. Los muertos no sufren por más tiempo cuando han sido simplemente personas. Y Samuel fue un hombre justo. Y si los muertos necesitan nuestras oraciones, no es necesario estar cerca de sus huesos para orar por ellos.

¿Huesos? ¿Qué son? Una prueba del poder de Dios que hizo al hombre con polvo. Nada más.

También los animales tienen huesos. Pero los esqueletos de los animales no son tan perfectos como el esqueleto de un hombre. Sólo el hombre, el rey de la creación, tiene una posición vertical, como un rey sobre sus súbditos, y su rostro se ve hacia adelante y hacia arriba, sin tener que girar el cuello; hombre mira hacia arriba, hacia la Morada del Padre. Pero no dejan de ser huesos. Polvo que volverá al polvo. La Generosidad eterna ha decidido convocar de nuevo en el día eterno para dar una alegría aún mayor a las almas benditas. Imaginaos: no sólo las almas se unirán y se amarán unas a otras como y más aún de lo que lo hicieron en la tierra, sino que también se alegrarán de verse las unas a las otras con las mismas características que tenían en la tierra: los queridos niños de pelo rizado, como el tuyo, Elías, padres y madres con corazones llenos de amor y rostros como los vuestros Leví y José. Antes, en tu caso José, será el día en que por fin verás las caras de los que sientes nostalgia. Ya no hay

más huérfanos, no hay viudas entre los justos, allí arriba
...

Oraciones por los muertos pueden ser dichas en cualquier lugar. Es la oración de un alma por el alma de un familiar para que el Espíritu Perfecto, que es Dios, Quien está en todas partes. ¡Oh! ¡santa libertad de lo que es espiritual! No hay distancias, ni exilio, ni cárceles, ni tumbas ... No hay nada que pueda dividir o restringir en la impotencia dolorosa lo que está fuera y por encima de las cadenas de la carne. Vosotros iréis con vuestra mejor parte, hacia sus seres queridos. Y ellos vendrán a vosotros con su mejor parte.

Y toda la efusión de las almas amorosas girará alrededor del Fulcro Eterno, alrededor de Dios: el Espíritu Más Perfecto, el Creador de todo lo que fue, es y será, el Amor que os ama y os enseña cómo amar ... Pero aquí estamos en el vado. Puedo ver una hilera de piedras que emergen de las aguas poco profundas'.

'Sí, Maestro, hay uno allí. En el tiempo de las inundaciones, es una cascada rugiente. Ahora hay siete arroyos que fluyen plácidamente entre las seis grandes piedras del vado'.

Llegan al cruce en el que se establecen seis grandes piedras de corte cuadrado alrededor de un pie de distancia la una de la otra, a través del torrente y el agua, que llega a las piedras en una gran cinta gaseosa, se dividen en siete los menores que se precipitan feliz de volver a reunirse juntas de nuevo más allá del vado, para formar de nuevo una corriente fresca que fluye, balbuceando entre las piedras.

Los pastores observan el cruce de las ovejas, algunas caminando sobre las piedras, otras prefieren cruzar el arroyo que está a sólo un pie de profundidad y beben el agua pura gorgoteando.

Jesús crtuza en las piedras, seguido de Sus discípulos y ellos reanuda su caminata en la otra orilla.

'Me dijiste que Tú quieres informarle a Isaac que Tú estás aquí, ¿pero no quieres ir al pueblo?'

'Sí, eso es lo que quiero'.

Bueno, nosotros tuvimos la mejor que parte. Iré con él, Leví y José se quedarán con la manada y Contigo. Yo iré por aquí. Será más rápido'.

Y Elías empieza a subir por la ladera de la montaña, hacia las casas blancas que son tan brillantes a la luz del sol.

Él llega a las primeras casas y va a lo largo de un pequeño camino entre las casas y los huertos familiares y camina así durante unos diez metros y luego se convierte en un camino y entra a la plaza mayor.

El mercado de la mañana todavía está en la plaza y las amas de casa y los vendedores gritan debajo de las sombras de la plaza.

Sin detenerse, Elías se mueve resueltamente hasta el final de la plaza y una calle atractiva comienza, a una casita, o más bien, una habitación con la puerta abierta. Casi en su umbral, en una pequeña cama yace un hombre enfermo demacrado pidiendo a los transeúntes limosna con una voz lastimera. Elías se precipita.

'Isaac ... soy yo'.

'¿Tú? No te esperaba. Estuviste aquí el mes pasado'.

'Isaac ... Isaac ... ¿Sabes por qué he venido?'

'No, yo no ... tú estás entusiasmado. ¿Qué está pasando?'

'He visto a Jesús de Nazaret, Él es un hombre, ahora, un rabino. Él vino a buscarme ... y Él quiere vernos. ¡Oh! Isaac! ¿No quieres tú también?'

Isaac, de hecho, ha caído de nuevo, como si se estuviera muriendo. Pero él se levanta: 'No. la noticia ... ¿Dónde está? ¿Cómo es Él? Oh! Si pudiera Verlo! '

'Él está abajo en el valle. Él me envió a decirte exactamente esto: «Ven, Isaac, porque quiero verte a ti y te bendeciré". Voy a llamar a alguien para que me ayude ahora y te llevaré abajo'.

'¿Es eso lo que Él dijo?'

'Sí, lo es. Pero, ¿qué estás haciendo? '

'Me voy'.

Isaac arroja por tierra las mantas, mueve sus piernas paralizadas, las arroja en el colchón de paja, él pone los pies en el suelo, se levanta, todavía un tanto vacilante y tembloroso. Todo sucede en un instante, bajo los ojos bien abiertos de Elías ... que al fin comprende y comienza a gritar ... Una pequeña mujer se ve en la curiosidad. Ella ve al hombre enfermo de pie y cubrirse con una de las mantas, ya que él no tiene nada más, y sale corriendo, gritando como un loco.

'Vamos ... este camino, será más rápido y no nos encontraremos con la multitud ... Rápido, Elías. 'Ellos corren a través de una pequeña puerta de un jardín de la cocina en la parte de atrás, empujan la puerta, hecha de ramas secas, y una vez fuera, se van a lo largo de un camino sucio estrecho, luego, en una pequeña calle junto huertas y, finalmente, a través de prados y matorrales, hasta el torrente.

'Está Jesús, por allá ", dice Elías, señalándolo. 'Él, alto y guapo, con el pelo rubio, con una túnica blanca y manto rojo ... '

Isaac corre, corta a través del pastoreo de ovejas, y con un grito de triunfo, alegría y adoración se postra a los pies de Jesús .

'Levántate Isaac. Yo he venido. Para lograr la paz y las bendiciones. Levántate, para que yo pueda ver tu cara'.

Pero Isaac no se pone de pie, abrumado por la emoción como él está y permanece postrado, con la cara en el suelo, gritando alegremente.

'Tú viniste. Tú no te preocupaste si podría ... "

'Tú me dijiste que viniera ... y vine'.

'Él ni siquiera cerró la puerta o recogió las limosnas, Maestro'.

'No importa. Los ángeles vigilarán su casa. ¿Estás feliz, Isaac? '

'¡Oh! Mi Señor! '

'Llámame Maestro. '

'Sí, mi Señor, mi Maestro. Incluso si Tú no me hubieras curado, yo habría sido feliz de verte. ¿Cómo podría encontrar tanta gracia Contigo?'

'A causa de tu fe y paciencia, Isaac. Sé lo mucho que sufriste ... '

'¡Nada! nada! No importa! Te he encontrado a Ti. Estás vivo. Tú te encuentras aquí. Eso es lo que importa. El resto, todo el resto ha terminado. Pero, mi Señor y mi Maestro, Tú no desaparecerás nunca más, no es así?'

'Isaac, tengo todo Israel para evangelizar. Me voy ... Pero si no me puedo quedar, siempre puedes Servirme y Seguirme. ¿Quieres ser Mi discípulo Isaac?'

'¡Oh! Pero yo no soy capaz! '

'¿Puedes reconocer Quién soy yo? Admitir contra burlas y amenazas? ¿Y decirle a la gente que te llamé y te encontré? '

"Incluso si Tú no quieres, me gustaría confesar todo eso. Te desobedecería Maestro. Perdona que Te lo diga'.

Jesús sonríe. 'Se puede ver entonces que tú ees capaz de convertirte en un discípulo!'

'¡Oh! ¡Si eso es todo lo que uno tiene que hacer! Pensé que era más difícil, que teníamos que ir a la escuela con los rabinos para aprender cómo servirte a Ti, el Rabino de rabinos ... ir a la escuela a mi edad ... 'El hombre, de hecho, debe tener por lo menos cincuenta años'.

'Tú ya ha hecho tu escolarización Isaac. '

'¿Yo? No'

'Sí, lo hiciste. ¿No han seguido creyendo y el amor, el respeto y la bendición a Dios y al prójimo, sin ser envidioso, no deseando lo que pertenece a otras personas, e incluso lo que fuera tuyo y que ya no posees, para hablar sólo la verdad, incluso si debe ser perjudicial para ti, no asociarse con Satanás cometiendo pecados? ¿No hiciste todas estas cosas en los últimos treinta años de desgracias?'

'Sí, Maestro'.

'Así que ya ves, que has hecho tu escolaridad. Hazlo y además, revela al mundo que Yo estoy en el mundo. No hay nada más que hacer'.

'Yo ya he predicado, Señor Jesús. Yo Te prediqué a los niños, que solían venir, cuando llegué cojo en este pueblo, pidiendo pan y haciendo algunos trabajo, tales como corte y lechero y los niños solían venir alrededor de mi cama, cuando me agravé y estaba paralizado de la cintura hacia abajo. Hablé de Ti a los niños de hace muchos años, y para los hijos de los tiempos actuales, que son los hijos de los anteriores ... Los niños son buenos y siempre creo ... Yo les dije de Tu nacimiento ... de los ángeles ... de la Estrella y los Reyes Magos ... y de Tu Madre ... ¡Oh! Dime! ¿Está viva Ella? '

'Ella está viva y te envía sus saludos. Ella siempre hablaba de todos vosotros'.

'¡Oh! Si pudiera verla!'

'La verás. Vendrás a Mi casa un día. María te dará la bienvenida diciendo: "Mi amigo"'.

'María ... sí, cuando pronuncias ese nombre, es como llenar la boca con miel ... Hay una mujer en la Juta, ella es una mujer ahora, tuvo su cuarto hijo no hace mucho tiempo, pero una vez cuando ella era una niña, una de mis pequeñas amigas ... y llamó a sus hijos: María y José los dos primeros, y como ella no se atrevía a llamar al tercero Jesús, lo llamó Emanuel, como un buen augurio para ella misma, su hogar e Israel. Y ella está pensando en un nombre para darle a su cuarto hijo, que nació hace seis días. Oh! ¡Cuando se entere de que estoy curado! ¡Y que Tú estás aquí! Sara es tan buena como el pan hecho en casa, y su marido Joaquín también es muy bueno. ¿Y sus familiares? Les debo mi vida. Siempre me han ayudado y protegido'.

'Iremos y les pedimos hospitalidad durante las horas más calurosas del día y que los bendiga por su caridad'.

'Este camino, el Maestro. Es más fácil para las ovejas y evitaremos a las personas, que están sin duda emocionados. La anciana, que vio levantarme, seguro les habrá dicho. 'Ellos siguen el torrente, saliendo de el, más al sur, para tomar un sendero escarpado a lo largo de la forma de la proa de un barco de la montaña, se mueven en la dirección opuesta al torrente ahora corriendo a lo largo de un hermoso valle irregular formado por la intersección de dos cadenas montañosas.

Un pequeño muro de piedra secas marca los límites de la finca que declina hacia el valle. En el prado, hay manzanos, higueras y nogales, un huerto con un pozo, la pérgola y camas de flores y más adelante, una casa blanca rodeada de zonas verdes, con un ala saliente que protege la escalera y forma un porche y logia con una pequeña cúpula en la parte más alta.

Hay muchos gritos procedentes de la casa.

Caminando adelante, Isaac entra y llama con voz fuerte: '¡María, José, Emmanuel! ¿Dónde estáis? Venid a Jesús'.

Tres pequeños: una niña de unos cinco años de edad, y dos pequeños niños, cerca de cuatro y dos años de edad, corren hacia Isaac, el más pequeño todavía algo incierto sobre sus piernas. Están estupefactos al ver al hombre … revivido. Entonces la niña grita: '¡Isaac ! ¡Mamá! Isaac está aquí! Judith tenía razón'.

Una mujer alta y rolliza, marrón, encantadora emerge de una habitación ruidosa, más hermosa en su mejor vestido: un vestido de lino blanco como la nieve, como una camisa rica cayendo arrugada hasta los tobillos. Está atada a la cintura bien formada con un chal de rayas multicolor que cubre sus caderas maravillosas cayendo en flecos hasta las rodillas en la parte trasera. En la parte delantera, la camisa se ata debajo de la hebilla de filigrana y sus extremos quedan sueltos.

Un ligero velo decorado con ramas rosadas sobre un fondo de color beige se fija en sus trenzas negras, como un pequeño turbante, y cae en el cuello en que fluye pliegues y luego sobre sus hombros y pechos. Agarrada con fuerza en la cabeza tiene una pequeña corona de medallas unidas por una cadenita. Anillos pesados cuelgan de sus orejas, y su túnica se mantiene cerca de su cuello un collar de plata que pasa a través de los ojales de su vestido. Y tiene pulseras de plata pesadas en los brazos.

'¡Isaac! ¿Qué es esto? Judith ... pensé que se había vuelto loca ... ¡Pero tú estás caminando! ¿Qué pasó? '

'¡El Salvador! Oh! Sarah! Él está aquí! Él ha venido! '

'¿Quién? ¿Jesús de Nazaret? ¿Dónde está Él? '

'¡Por ahí! Detrás del nogal, y Él quiere saber si vas a recibirlo! '

'¡Joaquín! ¡Madre! Ven aquí, todos vosotros! El Mesías ya está aquí! '

Mujeres, hombres, niños, pequeños corren gritando y gritando ... pero cuando ven a Jesús, alto y majestuoso, se desaniman y se vuelven petrificados.

'Paz a esta casa y para todos vosotros. La paz y la bendición de Dios'. Jesús camina lentamente, sonriendo, hacia el grupo. 'Mis amigos: ¿os darán hospitalidad al Caminante? "Y Él sonríe aún más. Su sonrisa supera todos los miedos. El marido tiene corazón: ' Ven, Mesías. Te hemos amado antes de Conocerte. Vamos a amarte más después de Conocerte. La casa está celebrando hoy en día, por tres razones: por Ti, por Isaac y por la circuncisión de mi tercer hijo. Bendícelo, Maestro. Mujer, ¡trae al bebé! Entra, mi Señor.

Entran en una habitación decorada para la fiesta. Hay mesas con productos alimenticios, alfombras y ramas por todas partes.

Sara regresa con un bebé recién nacido adorable en sus brazos y se lo presenta a Jesús.

'Que Dios esté siempre con él. ¿Cuál es su nombre? '

'No tiene nombre todavía. Esta es María, este es José, este es Emanuel ... pero éste no tiene nombre todavía ... ' Jesús mira a los padres, que están cerca de la otra, sonríe: " Buscad un nombre, si ha de ser circuncidado hoy ... ' ellos se miran, miran a Jesús, abren la boca y cierran de nuevo sin decir nada. Todo el mundo está prestando atención.

Jesús insiste: 'La historia de Israel tiene tantos grandes, dulces y benditos nombres. Ya os han dado los más dulces y benditos. Pero tal vez todavía quede uno'.

Los padres gritan juntos: " El Tuyo, Señor! ' y la madre añade: 'Pero es demasiado santo ...'

Jesús sonríe y pregunta: '¿Cuándo será circuncidado?'

'Estamos esperando a la persona'.

'Estaré presente en la ceremonia. Y, mientras tanto, me gustaría daros las gracias por lo que habéis hecho por Mi Isaac. Ya no necesita la ayuda de gente buena. Pero las buenas personas todavía necesitan a Dios. Vosotros llamaron a vuestro tercer hijo: Que Dios esté con nosotros. Pero vosotros teníais a Dios con vosotros desde que sois caritativos con Mi siervo. Que seais benditos. Vuestra caridad será recordada en el Cielo y en la tierra'.

'¿Isaac se irá ahora? ¿Nos está dejando? '

'¿Eso os molesta? Pero tiene que servir a su Maestro. Pero él volverá, y también lo haré Yo. Mientras tanto, vosotros hablarais del Mesías ... ¡Hay tanto que decir para convencer al mundo! Pero aquí está la persona que vosotros estáis esperando'.

Un personaje pomposo llega con un sirviente. Hay saludos y reverencias. '¿Dónde está el niño?', él pregunta con arrogancia.

'Él está aquí. Pero saluda al Mesías. Él está aquí'.

'¡El Mesías! ¿El que curó a Isaac? Oí hablar de Él. Pero... Vamos a hablar de eso después. Estoy apurado. El niño y su nombre'.

Las personas presentes están mortificados por los modales de él. Pero Jesús sonríe como si la mala educación no fuese sido dirigida a él. Él toma al bebé, le toca su pequeña frente con Sus hermosos dedos, como si Él quisiera consagrarlo y dice: " Su nombre es Jesai 'y luego se lo entrega a su padre, quien va a otra habitación con el hombre altivo y otras personas. Jesús se queda donde está hasta que regresan con el niño, que grita desesperadamente.

'Mujer, dame al niño. No gritará por más tiempo -Dice para consolar a la madre angustiada. De hecho, el niño, una vez que se coloca sobre las rodillas de Jesús, se vuelve silencioso.

Jesús forma un grupo de los Suyos, con los más pequeños alrededor de Él, y también los pastores y discípulos. Las ovejas que Elías ha puesto en un recinto están balando afuera. Hay ruido de una fiesta en la casa. Ellos le dan dulces y bebidas a Jesús. Pero Jesús los reparte a los más pequeños.

'¿No estás bebiendo Maestro? Tú no tendrás nada. Estamos ofreciendola calurosamente'.

'Lo sé, Joaquín, y lo acepto de todo corazón. Pero Permítanme dejar a los más pequeños felices primero. Ellos son Mi alegría ...'

'No prestes atención a aquel hombre, Maestro'.

'No, Isaac. Rezar para que vea la Luz. Juan, toma a los dos niños pequeños para que vean a las ovejas. Y tú, María, ven más cerca de Mí y dime, ¿Quién soy yo ? '

"Tú eres Jesús, el Hijo de María de Nazaret, nacido en Belén. Isaac Te vió y él me dijo el nombre de Tu Madre, para que pueda ser buena'.

'Para imitarla a Ella, debe ser tan buena como un ángel de Dios, más pura que un lirio que florece en la cima de una montaña, tan piadosa como el Levita más sagrado. ¿Serás así? '

'Sí, Jesús, lo serás'.

'Di: Maestro o Señor, pequeña niña'.

'Deja que me llame por Mi nombre, Judas. Sólo cuando es pronunciada por los labios inocentes, no pierde el sonido que tiene en los labios de Mi Madre. Todo el mundo, a lo largo de los siglos futuros, mencionará ese nombre, algunos debido a un interés u otro, unos para maldecirlo. Sólo las personas inocentes, sin interés ni odio, lo pronunciarán con el mismo amor de esta niña y Mi Madre.

También los pecadores Me invocarán, porque necesitan la misericordia. ¡Pero Mi Madre y los más pequeños! ¿Por qué Me llamas Jesús? 'Él pregunta, acariciando a la niña.

'Porque Te amo ... como yo amo a mi padre, madre y mis hermanos pequeños', responde ella, abrazando las rodillas de Jesús, y sonriendo con la cabeza vuelta hacia arriba. Y Jesús se inclina y la besa.

Jesús En Hebrón. La Casa De Zacarías. Aglae.

'¿A qué hora vamos a llegar? pregunta Jesús, caminando en el centro del grupo detrás de las ovejas, pastando en la hierba en las orillas.

'A eso de la tercera hora. Está a casi diez mill,as responde Elías.

'¿Vamos a Queriot después? ‹ Pregunta Judas.

'Sí, vamos a ir allí'.

'¿No era más rápido ir a Kerioth desde Juta? No puede haber una gran distancia. ¿Eso es correcto, pastor? '

'Es dos millas más largo, más o menos'.

'Este camino, vamos a estar haciendo más de veinte por nada'.

'Judas, ¿por qué estás tan preocupado? '

'No estoy preocupado, Maestro. Pero me prometiste que Tú vendrías a mi casa'.

'Y Yo lo haré. Siempre mantengo Mis promesas. "

'Le envié un mensaje a mi madre ... y después de todo, Tú mismo lo dijiste, se puede estar cerca de los muertos, también con el alma'.

"Yo lo hice. Pero piensa, Judas: todavía no has sufrido por Mi culpa. Estas personas han estado sufriendo desde hace treinta años, y nunca han traicionado, ni siquiera Mi memoria. No sabían si estaba vivo o muerto ... y sin embargo, se mantuvieron fieles. Se acordaron de Mí cuando era un bebé recién nacido un bebé con nada más que las lágrimas y la necesidad de la leche ... y siempre Me han adorado como Dios. A causa de Mí ellos han sido golpeados, maldecidos y perseguidos como si fueran la desgracia de Judea, y sin embargo, su fe nunca ha flaqueado. Tampoco se marchitan bajo los golpes, por el contrario, tuvo raíces más profundas y se hicieron más fuertes'.

'Por cierto. Durante varios días he estado ansioso por hacerte una pregunta. Estas personas son Tus amigos y los amigos de Dios, ¿no es así? Los ángeles los bendecidos con la paz del Cielo, ¿no? Ellos han sido fieles en contra de todas las tentaciones, ¿no es así? ¿Podría explicarme entonces, por qué no están contentos? Y ¿qué pasa con Ana? La mataron porque ell Te amaba ... '

'¿Estás, por tanto, deduciendo que ser amado por Mí o amarme a Mí trae mala suerte?'

'No ... pero ...'

Pero tú eres. Lamento verte tan cerrado a la Luz y tan abierto a las cosas humanas. No, no importa Juan y tú también, Simón. Yo prefiero que él hable. Nunca reprocho. Yo sólo quiero que abráis vuestras almas a Mí para que pueda iluminaros.

Ven aquí, Judas, escucha. Tú te estás basando en una opinión que es común a muchas personas de nuestro tiempo y será común para muchos en el futuro. Yo dije: una opinión. Debería decir: un error. Pero ya que no lo haces por maldad, sino por ignorancia de la verdad, no es un error, es sólo una opinión errónea como la de un niño. Y tú eres como los niños, Mis pobres hombres. Y Yo estoy aquí, como Maestro, para convertiros en adultos, capaces de decir la verdad de lo falso, el bien del mal y lo que es mejor de lo que es bueno. Escuchadme, por lo tanto.

¿Qué es la vida? Se trata de un período de pausa, yo diría que el limbo del Limbo, que el Padre Dios os concede como prueba para determinar si vosotros sois buenos o malos niños, después de lo cual Él asignará, de acuerdo con vuestras obras, una vida futura sin pausas o ensayos. Ahora decidme: ¿sería justo si un hombre, simplemente porque se le ha concedido el raro don de estar en la posición de servir a Dios de una manera especial, tenga también una riqueza eterna toda su vida? ¿Creéis que ya se ha concedido un gran acuerdo y por lo tanto puede considerarse feliz, incluso si las cosas humanas están en su contra? ¿No sería injusto que él, que ya cuenta con la luz de la revelación divina en su corazón y la sonrisa de una conciencia limpia, también deba tener honores mundanos y riqueza? ¿Y no sería imprudente?

'Maestro, yo también diría que sería un profanador. ¿Por qué poner alegrías humanas donde Tú ya estás? Cuando uno tiene Te tiene - y ellos Te tenían, son las únicas personas ricas en Israel, porque Te han tenido

a Ti durante treinta años - uno debe tener nada más.
No ponemos las cosas humanas en el propiciatorio ...
y el jarrón consagrado se utiliza únicamente para usos
sagrados. Y estas personas son consagrados desde el
día que vieron Tu sonrisa ... y nada más que Tú entras
en sus corazones, que Te poseen. ¡Me gustaría ser como
ellos!, dice Simón.

Pero tú no perdiste el tiempo, inmediatamente después
de ver al Maestro y ser curado, volviste a tu propiedad
'Judas responde sarcásticamente.

'Eso es cierto. Dije que lo haría y lo hice. Pero, ¿sabes
por qué? ¿Cómo puedes juzgar si tú no conoces toda
la situación? Mi representante se le dio instrucciones
precisas. Ahora que Simón Zelote se ha curado - y sus
enemigos ya no puede hacerle daño, ni tampoco pueden
perseguirlo porque pertenece solo a Jesús y a ninguna
secta: él tiene Jesús y nada más - Simón puede disponer
de su riqueza que un siervo honesto y fiel siervo guarda
para él. Y yo, que soy el dueño de un breve tiempo
más, di instrucciones de que la propiedad debería ser
reorganizada, por lo que iba a obtener más dinero al
venderla y yo sería capaz de decir ... no, yo no estoy
diciendo que'.

'Los ángeles dicen, Simón y ellos están escribiendo en el
libro eterno', dice Jesús.

Simón mira a Jesús. Sus ojos se encuentran: expresan
la sorpresa de Simón, la aprobación de la bendición de
Jesús.

'Como es habitual. Estoy equivocado'.

'No, Judas. Tú tienes un sentido práctico, tú mismo lo dijiste'.

'¡Oh! pero con Jesús! ... También Simón Pedro estaba lleno de sentido práctico, ahora en su lugar! ... Tú también, Judas, va a ser como él. Sólo has estado con el Maestro por un corto tiempo, hemos estado más tiempo con Él, y ya estamos mejor ', dice Juan, que siempre es amable y conciliador.

'Él no me quería. De lo contrario hubiera sido Suyo desde la Pascua', dice Judas lastimosamente.

Jesús pone fin a la discusión preguntando a Leví: '¿Has estado alguna vez en Galilea?'

'Sí, mi Señor'.

'Tú vendrás Conmigo para llevarme a Jonás. ¿Lo conoces? '

'Sí, lo conozco. Siempre nos encontramos en la Pascua. Yo solía ir a verlo entonces'.

José, mortificado, baja la cabeza. Jesús lo nota y dice: 'Vosotros no podéis venir ambos. Elías se quedaría solo con las ovejas. Pero tú vendrás Conmigo hasta Jericó donde nos separaremos por un tiempo. Te diré más tarde lo que tienes que hacer'.

'¿Qué pasa con nosotros? ¿Haremos algo? '

'Sí, lo harás, Judas, lo harás'.

'Hay algunas casas allí', dice Juan, caminando unos pasos por delante de los demás.

'Es Hebrón. Entre dos ríos con su cresta. V¿es Maestro? Esa casa de allí, en medio de todo el verde, un poco más arriba que las demás? Esa es la casa de Zacarías.

'Aceleremos nuestros pasos'.

Las pequeñas pezuñas de las ovejas sonaban como castañuelas en las piedras desiguales de la carretera asfaltada, acelerando su ritmo, cubriendo rápidamente el último tramo de la carretera y entrando en el pueblo.

La gente mira al grupo de hombres, tan diferentes por la mirada, la edad y las prendas entre las ovejas blancas. Llegan a la casa.

'¡Oh! ¡Es diferente! Había una puerta aquí!' dice Elías. Ahora, en su lugar, hay una puerta de metal que impide ver, y también la pared del recinto más alta que un hombre y por lo tanto nada puede ser visto en el interior.

'Tal vez se abra en la parte posterior. 'Ellos van en torno a un gran muro rectangular pero encuentran que tiene la misma altura en todo el.

'El muro fue construido no hace mucho tiempo', comenta Juan, examinándolo. 'No hay un rasguño en él y todavía hay escombros de cal en el suelo'.

'Ni siquiera puedo ver el sepulcro ... Estaba cerca de la madera. Ahora la madera está fuera de la pared y ... y parece pertenecer a todos. Ellos están reuniendo leña en él. 'Elías está desconcertado.

Un hombre de aspecto pequeño pero fuerte, un viejo leñador, que está mirando al grupo, deja de cortar un tronco en el suelo y se dirige hacia el grupo. '¿A quién buscáis?'

'Queríamos ir a rezar en la tumba de Zacarías'.

'Ya no hay ninguna tumba. ¿No lo sabéis? ¿Quién sois vosotros? '

'Soy amigo de Samuel, el pastor. Este ...'

'No es necesario Elías, dice Jesús y Elías se mantiene en silencio.

¡Ah! Samuel! ... ¡Ya veo! Pero desde que Juan, hijo de Zacarías, fue puesto en la cárcel, la casa ya no es suya. Y es una desgracia porque todos los beneficios de su propiedad le fueron otorgados a la gente pobre en Hebrón. Una mañana llegó un hombre de la corte de Herodes, expulsó a Jowehel , él colocó sellos, luego regresó con los albañiles y comenzaron a levantar la pared ... El sepulcro estaba allá en la esquina . Él no lo quería ... y una mañana encontramos todo estropeado y medio destruido ... los pobres huesos esparcidos ... Los pusimos juntos otra vez, así como pudimos ... Ellos se encuentran ahora en un sarcófago ... Y en la casa del sacerdote, Zacarías, donde el hombre asqueroso guarda sus amantes. Ahora hay un mimo de Roma. Es por eso que él levantó la pared. Él no quiere que la gente vea ... ¡La casa del sacerdote es un burdel! ¡La casa del milagro y del Precursor! Porque es ciertamente para él, si él no es el Mesías.

¡Y la cantidad de problemas que tuvimos por el Bautista! ¡Pero él es nuestro gran hombre! ¡Él es realmente genial! Incluso cuando él nació allí fue un milagro. Isabel era tan vieja como un cardo marchito pero ella llegó a ser

tan fructífero como una manzana en Adar * y ese fue
el primer milagro. Luego, una prima suya vino, y Ella
era una mujer santa y Ella le sirvió y al sacerdote sin
lengua. Su nombre era María. La recuerdo aunque La
vimos muy raramente. Cómo sucedió que no lo sé. Dicen
que para hacer feliz a Isabel, Ella hizo que Zacarías
pusiera su boca muda contra Su pecho embarazada o
que Ella puso sus dedos en la boca. No sé. Es un hecho
que después de nueve meses de silencio, Zacarías habló
alabando al Señor y diciendo que había un Mesías. No
explicó más. Pero mi esposa estaba allí ese día y ella me
aseguró que Zacarías, alabando al Señor, dijo que su
hijo le precedería. Ahora digo: no es lo que la gente cree.
Juan es el Mesías y él va ante el Señor, como Abraham
iba delante de Dios. Eso es lo que es. ¿No estoy en lo
correcto?'.

* Adar es el sexto mes del calendario judío, comprendido
entre febrero y marzo.

'Tienes razón en lo que respecta al espíritu del Bautista,
que procede siempre delante de Dios. Pero tú no tienes
razón con respecto al Mesías'.

'Bueno, la mujer que dijo que Ella era la Madre del Hijo
de Dios - Samuel lo dijo - no era cierto que Ella lo era?
¿Ella sigue viva? '

'Sí, lo era. El Mesías nació, precedido por el que levantó
su voz en el desierto, como lo dijo el Profeta'.

'Tú eres el primero en decirlo. Juan, la última vez que
Jowehel le llevó una piel de oveja, lo que hacía cada año
a principios de invierno, a pesar de ser interrogado sobre

el Mesías, no dijo: " El Mesías está aquí. " Cuando él lo diga entonces ...'

'Hombre, yo era un discípulo de Juan y le oí decir " He aquí el Cordero de Dios ", apuntando a ... " , dice Juan.

'No, no. Él es el Cordero. Un verdadero Cordero que creció por sí mismo, casi sin la necesidad de un padre y una madre. Tan pronto como llegó a ser un hijo de la Ley, vivió aislado en las cuevas de la montaña con vistas al desierto, y él creció allí conversando con Dios. Isabel y Zacarías murieron, y él no vino. Sólo Dios era su padre y su madre. No hay hombre santo mayor que él. Tú puedes preguntarle a todo el mundo en Hebrón. Samuel solía decir que sí, pero la gente de Belén debe haber tenido razón. Juan es el hombre santo de Dios'.

'Si alguien te dijo: 'Yo soy el Mesías', ¿qué le dirías? ' Pregunta Jesús.

'Yo lo llamaría " blasfemo " y lo llevaría en carro, tirándole piedras a él'.

'¿Y si él hiciera un milagro para probar que él es el Mesías?'

'Yo diría que estaba" poseído". El Mesías vendrá cuando Juan revele su verdadera naturaleza. El mismo odio de Herodes es la prueba. Astuto como él es, él sabe que Juan es el Mesías'.

'Él no nació en Belén'.

'Pero cuando sea liberado, después de anunciarse a sí su inminente venida, él se manifestará en Belén. También Belén está esperando eso. Mientras que ... ¡Oh! Vaya, si

tú tienes valentía, y hablas con los habitantes de Belén de otro Mesías ... y verás ... '

¿Tienes una sinagoga?

Sí, a unos doscientos pasos adelante. Tú no puedes equivocarte. Cerca de ella se encuentra el sarcófago con los restos violados'.

'Adiós, que Dios te ilumine'.

Se van, hacen un giro a la derecha delantera de la casa y encuentran, en su puerta, una joven y bella mujer vestida con descaro. 'Mi Señor, ¿quiere entrar en la casa? Entre.'

Jesús se le queda mirando tan serio como un juez, pero no habla. Pero Judas si, con el apoyo de todos los demás.

'¡Vuélvete, mujer desvergonzada! No nos profanes con tu respiración, perra voraz'.

La mujer se ruboriza, baja la cabeza y está a punto de desaparecer avergonzada y burlada por pilluelos y transeúntes.

'Quién es tan puro como para decir: '¿Nunca he deseado la manzana ofrecida por Eva?' Jesús pregunta, con severidad. 'Mostradme a él y lo voy a llamar a un hombre santo. ¿Nadie? Bueno, entonces, sino por el asco, pero con debilidad, os sentís incapaces de acercaros a esta mujer, vosotros podéis retiraros. No voy a obligar a los débiles a luchas desiguales. Mujer, Me gustaría entrar. Esta casa pertenecía a un pariente Mío y es estimado por Mí'.

'Adelante, mi Señor, si Tú no me odias.

'Deja la puerta abierta, para que el mundo vea y no haga chismes ... '

Jesús entra, serio y solemne.

La mujer, sometida, se postra delante de Él, y no se atreve a moverse. Pero las burlas de la gente la cortan rápido por lo que ella se escapa al final del jardín, mientras que Jesús llega hasta el pie de la escalera. Él mira a través de las puertas entreabiertas, pero no entra. Luego va al lugar donde estaba el sepulcro, donde ahora hay un pequeño templo pagano.

'Los huesos de los justos, también cuando está secos y dispersos, rezuman un bálsamo purificador y propagan semillas de la vida eterna. ¡Paz a los muertos que vivieron haciendo el bien! Paz a la pura que duermen en el Señor! ¡Paz a los que sufren, pero no conocieron el vicio ! ¡Paz a los grandes de verdad del mundo y del Cielo! Paz! '

Caminando a lo largo del seto de protección, la mujer ha llegado a Jesús.

'¡Señor mío! '

'Mujer'.

'Su nombre, mi Señor. '

'Jesús'.

'Nunca lo escuché. Yo soy romana: un mimo y bailarina. Yo soy experta sólo en la lujuria. ¿Cuál es el significado de Tu nombre? Mi nombre es Aglae y ... y significa:

'Vicio'.

'El Mío significa: Salvador'.

'¿Cómo salvas? ¿Y a quién? '

'A los que están ansiosos de ser salvados. Salvo enseñando a ser puros, a preferir penas a los honores, a desear lo bueno a toda costa. 'Jesús habla sin amargura, sin siquiera voltearse hacia la mujer.

'Estoy perdida ... '

'Yo soy Al que buscan que se han perdido'.

'Estoy muerta'.

'Yo soy El que da la vida'.

'Yo soy la suciedad y la falsedad'.

'Yo soy la Pureza y la Verdad'.

'Tú eres también generoso, Tú no me miras. Tú no me tocas, Tú no me pisoteas. Ten piedad de mí ...'

'En primer lugar, tú debes tener piedad de ti misma. De tu alma'.

'¿Qué es el alma?'

'Es lo que hace un dios del hombre y no un animal. El vicio y el pecado la matan y una vez que es asesinada, el hombre se convierte en un animal repulsivo'.

'¿Será posible para mí que vuelva a Verte?'

'Quién Me busca, Me encuentra'.

'¿Dónde vives Tú?'

'Dónde corazones necesitan médicos y medicinas para convertirse honestos de nuevo'.

'En ese caso ... No voy a Verte de nuevo ... Yo vivo donde no se busca ningún médico, la medicina o la honestidad'.

'Nada te impide llegar a donde Yo estoy. Mi nombre será gritado en las calles y te alcanzará. Adiós'.

'Adiós, mi Señor. Permíteme que te llame "Jesús". ¡Oh! ¡No por la familiaridad !'

'Sino ... que un poco de la salvación puede venir a mí. Soy Aglae, recuérdame.

'Lo haré. Adiós'.

La mujer se queda en el fondo del jardín mientras que Jesús sale viéndose serio y un sirviente cierra la puerta. Él mira a todo el mundo, ve a la perplejidad de Sus discípulos y escucha abucheos de los hebronitas.

Caminando recto a lo largo del camino, Jesús golpea en la sinagoga y un hombre resentido se asoma.

'La sinagoga está prohibida, es un lugar santo, a aquellos que tratan con las prostitutas.

'Fuera', dice el hombre, ni siquiera le da a Jesús tiempo de hablar.

Sin una respuesta, Jesús se aparta y sigue caminando por la carretera, seguido de Sus discípulos.
Fuera de Hebrón, comienzan a hablar.

'Tú te metiste en problemas, Maestro', dice Judas. '¡Una prostituta, de todas las personas! '

'Judas, yo te digo que ella te superará. Y ahora, ya que tú estás reprochándome a Mí, ¿qué me dices de los judíos? En los lugares más santos de Judea hemos sido burlados y ahuyentados ... Esa es la verdad. El día llegará en Samaria y los gentiles adorarán al Dios verdadero, y el pueblo del Señor será manchado con sangre y un crimen ... un crimen en comparación que en comparación con los pecados de las prostitutas que venden sus cuerpos y sus almas, será una cosa muy pequeña. Yo no fui capaz de orar en la tumba de mis primos y del justo Samuel. No importa. El descanso, los huesos santos, regocijen, almas que habitaban en ellas. La primera resurrección está cerca. Entonces, el día vendrá cuando tú serás mostrado a los ángeles como las almas de los siervos del Señor.

A Las Orillas Del Jordán. Encuentro Con Los Pastores Juan, Matías Y Simeón

Hay líneas de pequeños burros y gente yendo y viniendo por el camino trillado que corre a lo largo de las verdes orillas del Jordán. También en la orilla del río, hay tres hombres que custodian unas pocas ovejas en el pasto.

José está a la espera en el camino, mirando hacia arriba y hacia abajo. A lo lejos, en el cruce de la ruta del río con la carretera principal, Jesús aparece con Sus tres discípulos. José llama a los pastores que conducen a las ovejas por la orilla cubierta de hierba, camina rápido hacia Jesús.
No tengo el coraje ... ¿Qué voy a decir al saludarle a Él? '

'¡Oh! Él es tan bueno! Di: 'La paz sea Contigo' Él siempre dice eso'.

'Sí, Él ... pero ...'

¿Y qué hay de mí? Yo no soy ni siquiera uno de Sus primeros adoradores y Él es tan amable conmigo ... ¡oh! tan amable! '

'¿Cuál es? ‹

'El más alto, con el pelo claro'.

'¿Matías, le decimos a Él sobre el Bautista?

'¡Por supuesto que sí!'

'¿Acaso no pensará que preferimos al Bautista en vez de a Él?'

'No, Simeón. Si Él es el Mesías, Él puede ver en los corazones de los hombres y en el nuestro Él verá que en el Bautista todavía Lo estábamos buscando a Él'.

'Sí, tienes razón'.

Con los dos grupos ahora sólo a unos pocos metros de distancia, los pastores pueden ver que Jesús les sonríe con su sonrisa indescriptible y José acelera su paso. Las ovejas, a instancias de los pastores, también comienzan a correr.

'La paz sea con vosotros', dice Jesús que levanta sus brazos en un amplio abrazo. 'La paz sea contigo, Simeón, Juan y Matías, fieles a Mí, y fiel a Juan el Profeta! … ' , Añade específicamente a cada uno de los pastores que están ahora de rodillas . ' … La paz sea contigo, José y Él le da un beso en las mejillas. Vamos, Mis amigos. Bajo estos árboles en el cauce del río expuesto y hablemos'.

Ellos van hasta el lecho del río expuesto donde Jesús se sienta en una raíz saliente y los otros en el suelo. Jesús sonríe y mira con atención, uno a uno: 'Dejadme familiarizarme con vuestros rostros. Vuestras almas ya Me conocen, almas que buscan y aman lo que es bueno en contra de todos los anhelos mundanos. Isaac, Elías y Levi les envían sus saludos y hay otros saludos de Mi

Madre. ¿Tenéis vosotros alguna noticia del Bautista? '

Los hombres, hasta ahora amordazados por vergüenza, se animan y encuentran palabras, por fin: 'Él todavía está en la cárcel. Nuestros corazones se estremecen por él, porque él está en las manos de un hombre cruel que está dominado por una criatura infernal y está rodeado por una corte corrupta. Nosotros le amamos a él ...
Tú sabes que lo amamos y que merece nuestro amor. Después de salir de Belén, fuimos perseguidos por los hombres ... pero estábamos afligidos y desalentados porque Te habíamos perdido, más bien por su odio y nosotros éramos como árboles arrancados por el viento. Entonces, después de años de sufrimiento, como un hombre cuyas pestañas se han cosidas luchando para ver el sol, pero no puede, porque también está encerrado en una prisión, pero siente el calor del sol sobre su cuerpo, sentimos que el Bautista era el hombre de Dios previsto por los Profetas para preparar el camino hacia Cristo y nos fuimos con él. Nosotros dijimos: 'Si el Bautista le precede, si vamos al Bautista, lo encontraremos. 'Porque, mi Señor, fuiste Tú a Quién estábamos buscando'.

'Ya lo sé. Y vosotros Me encontrasteis. Y ahora Yo estoy con vosotros'.

'José nos dijo que Tú viniste al Bautista. Pero no estábamos allí ese día. Tal vez él nos había enviado a alguna parte. Lo servimos en los asuntos espirituales, cuando nos pidió, con tanto amor. Y lo hemos escuchado a él con amor, a pesar de que era tan severo, porque él no era Tú - la Palabra - pero él siempre habló palabras de Dios'.

'Lo sé. ¿Y vosotros conocéis a este hombre? Jesús pregunta, señalando a Juan.

'Lo vimos con los demás galileos en la multitud que eran más fieles al Bautista. Y, si no nos equivocamos, tú eres el único cuyo nombre es Juan, y de los cuales solía decir a nosotros, sus discípulos más cercanos: "Aquí: Yo soy el primero, él es el último. Y entonces: él será el primero, y yo el último 'Pero nunca entendimos lo que quiso decir'.

Jesús se dirige a Juan a Su izquierda y él lo atrae contra Su corazón, y con una sonrisa más amable Él explica: 'Quiso decir que él era el primero en decir: " He aquí el Cordero ", y que Juan aquí será el último de la amigos del hijo del hombre en hablar del Cordero a la multitud; pero que en el corazón del Cordero, Juan es el primero, porque es el más querido que cualquier otro hombre al Cordero. Eso es lo que quiso decir. Pero cuando veas al Bautista – lo verás de nuevo, y lo servirás de nuevo hasta la hora predeterminada - dile que él no es el último en el corazón de Cristo. No tanto por la sangre, sino a causa de su santidad, es amado tanto como Juan. Y recuerda eso. Si el santo en su humildad se proclama "el último", la Palabra de Dios lo proclama a él igual al discípulo que es estimado por Mí .. Dile que amo a este discípulo porque tiene el mismo nombre y porque encuentro en él los signos del Bautista, que prepara las almas para Cristo".

'Nosotros le diremos … ¿Pero lo veremos de nuevo? '

'Sí, lo harán'.

'Sí, Herodes no se atreve a matarlo por miedo de la gente y en su corte, que está llena de avaricia y corrupción, sería fácil liberarlo si tuviéramos un montón de dinero. Pero, aunque no hay mucho - porque los amigos le han dado mucho - todavía hay una gran cantidad que falta. Y tenemos miedo que no sea a tiempo ... y él puede ser asesinado'.

'¿Cuánto crees que necesita para el rescate?'

No por su rescate, Señor. Herodías le odia demasiado y ella tiene demasiado control sobre Herodes para permitir la posibilidad de un rescate. Pero creo que todas las personas codiciosas del reino se han reunido en Maqueronte. Todo el mundo está ansioso por pasar un buen rato y resaltar; de los ministros hacia abajo a los sirvientes. Y para hacer eso, necesitan dinero ... También hemos sabido quién dejaría libre al Bautista por una gran suma de dinero. Quizás también Herodes preferiría que ... porque tiene miedo. No por cualquier otra razón. Tiene miedo de la gente y miedo de su esposa. De esa manera, él podía complacer a la gente y su esposa no podía acusarlo de decepcionarla'.

'¿Y cuánto quiere esa persona? '

'Veinte talentos de plata. Pero tenemos sólo doce años y medio'.

'Judas, tú dijiste que esas joyas son hermosas. '

'Sí, hermosas y valiosas'.

'¿Cuánto pueden valer? Creo que tú eres experto'.

'Sí, soy un buen juez. ¿Por qué quieres saber cuánto valen, Maestro? ¿Tú quieres venderlas? ¿Por qué? '

Tal vez ... Dime: ¿cuánto pueden valer? '

'Al menos seis talentos, si se venden bien'.

'¿Estás seguro? '

'Sí, Maestro. El collar en sí mismo, tan grande y pesado, del oro más puro, es un valor de al menos tres talentos. Lo he examinado cuidadosamente. Y también las pulseras ... no sé cómo las muñecas delgadas de Aglae pudieron sostenerlas'.

'Eran sus grilletes, Judas'.

'Es cierto, Maestro ... ¡Pero a muchos les gustaría tener esos grilletes hermosos!

'¿Lo crees así? ¿Quiénes? '

'Bueno ..., ¡mucha gente! '

'Sí, muchos que son seres humanos sólo por su nombre ... ¿Y sabes de algún posible comprador? '

'Así que, ¿Tú quieres venderlas? ¿Y es que para el Bautista? Pero mira, ¡es oro maldito! '

'¡Oh! Inconsistencia humana! Tú acabas de decir con evidente deseo, que a mucha gente le encantaría tener ese oro, y ahora dices que está maldito? ¡Judas, Judas! ... Está maldito, por cierto. Pero ella dijo: "Va a ser santificado si se utiliza para la gente pobre y para los santos" y es por eso que ella lo entregó, es quien se beneficia con esto, puedes orar por su pobre alma como el embrión de una futura mariposa en la semilla de su corazón. ¿Quién es más santo y más pobre que el

Bautista? Él es igual a Elías en su misión, pero superior a Elías en su santidad. Él es más pobre de lo que Yo soy. Tengo una Madre y un hogar ... Y cuando uno tiene ese tipo de cosas, y puro y santo como lo tengo, uno nunca se queda solo. Él ya no tiene un hogar, y él no tiene más que la tumba de su madre. Todo ha sido violado y profanado por la iniquidad humana. Entonces, ¿quién es el comprador? '

'Hay uno en Jericó y hay muchos en Jerusalén. ¡Pero el de Jericó!! Él es un levantino astuto tasador de oro, un usurero, un intermediario, un alcahuete, que es sin duda un ladrón. Probablemente un asesino. Él es, sin duda perseguido por Roma. Él ha cambiado su nombre por el de Isaac, al pasar por un hebreo ... Pero su verdadero nombre es Diomedes. 'Lo conozco muy bien ...'

'¡Sí, vemos eso! ... ' Interviene Simón Zelote, que habla poco, pero se da cuenta de todo". ... '¿Cómo es que lo conoces tan bien?'

'Bueno ... ya sabes ... Con el fin de complacer a ciertos amigos poderosos. Fui a verlo ... e hice algunos negocios ... Ya sabes ... nosotros del Templo ...'

'Lo sé ... tú haces todo tipo de trabajos', concluye Simón con ironía fría. Judas se enciende, pero se mantiene en silencio.

'¿Va a comprar? 'pregunta Jesús.

'Creo que sí. Él tiene mucho dinero. Por supuesto, uno debe ser hábil en la venta debido a que el griego es astuto y si se da cuenta que está tratando con una persona honesta, con una paloma pichón, le arranca sin piedad.

Pero si él tiene que hacer frente a un buitre como él ...'

'Deberías ir, Judas. Tú eres el hombre adecuado. Eres tan astuto como un zorro, y depredador como un buitre. ¡Oh! Perdóname, Maestro. ¡Hablé antes que Tú! dice Simón Zelote nuevamente.

'Yo tengo la misma opinión, y por lo tanto, le diré a Judas que vaya. Juan, ve con él. Nos reuniremos de nuevo al atardecer y el lugar de encuentro será la plaza del mercado. Id. Y haced lo mejor'.

Judas se levanta inmediatamente y Juan vuelve su mirada implorante de perrito escarmentado en Jesús, quien, hablándole a los pastores, no se da cuenta lo que Juan quiere decir detrás de Judas.

"Me gustaría veros felices ", dice Jesús.

'Tú siempre nos hacen felices, Maestro. Que Dios Te bendiga por ello. ¿Aquél hombre es amigo Tuyo?'

'Sí, lo es. ¿Crees que no debería serlo? '

El pastor Juan baja la cabeza, y se mantiene en silencio, pero Simón dice: 'Sólo quien es bueno, puede ver. Yo no soy bueno, y por lo tanto no veo lo que ve Bounty. Veo el exterior. Quién es bueno penetra también en el interior. Tú, Juan, ves como yo. Pero el Maestro es bueno ... y ve ...'

'¿Qué ves en Judas, Simón? Quiero que Me lo digas a Mí'.

Bueno, cuando lo miro, pienso en ciertos lugares misteriosos que parecen guaridas de bestias salvajes y estanques infectados con malaria. Uno sólo puede ver una enorme enredo y, asustado, uno se mantiene claro ... En cambio ... detrás de esto hay tórtolas y ruiseñores y el suelo es rico en aguas sanas y buenas hierbas. Quiero creer que Judas es así ... Creo que él debe ser, porque Tú lo elegiste. Y Tú sabes ... '

'Sí, lo sé ... Hay muchas fallas en el corazón de ese hombre ... Pero él tiene algunos puntos buenos. Tú lo viste por ti mismo en Belén y Queriot. Y sus puntos buenos que son humanamente buenos han de ser elevados a una bondad espiritual. Judas entonces será como a ti te gustaría que fuese. Él es joven ...'

'También Juan es joven ...'

Y en tu corazón, tú concluyes que es mejor. ¡Pero Juan es Juan! Ama al pobre Judas, Simón, le ruego que .. Si lo amas ... Él aparecerá para ser mejor'.

'Trato de amarlo por Ti. Pero él rompe todos mis esfuerzos como si fueran cañas de agua ... Pero, Maestro, sólo hay una ley para mí: hacer lo que Tú quieres. Yo, por lo tanto, amaré a Judas aunque algo dentro de mí me grita en su contra'.

'¿Qué Simón?'

'No sé exactamente lo que es: algo que se asemeja al clamor del vigilante nocturno ... y me dice: ¡No te duermas! ¡Observa! 'No lo sé. Ese algo no tiene nombre. Pero está aquí ... en mí, en contra de él'.

'Olvídate de eso, Simón. No te preocupes en darle una definición. Es mejor no saber ciertas verdades ... y tú podría estar equivocado. Deja a tu Maestro. Dame tu amor y tú puedes estar seguro de que Me haces feliz ... '

Jesús E Isaac Cerca De Doco. Parten Hacia Esdraelon

'Y yo Te digo, Maestro, que las personas humildes son mejores ... 'Isaac le informa a Jesús' ... a los que yo les hablé se rieron de mí o me ignoraron. ¡Oh! ¡Los más pequeños de la Juta!'

Ellos están sentados en un grupo en el césped por la orilla del río y Judas interrumpe a Isaac, excepcionalmente llamando al pastor por su nombre;

'Isaac, soy de tu opinión. Perdemos nuestro tiempo y perdemos nuestra fe tratando con ellos. Me estoy dando por vencido'.

'No lo haré pero me hace sufrir. Voy a renunciar sólo si el Maestro me lo dice. Durante años he estado acostumbrado a sufrir por fidelidad a la verdad. Yo no podía decir mentiras para entrar en la buena voluntad de los poderosos. ¿Y sabes cuántas veces vinieron a burlarse de mí en la habitación donde yo estaba enfermo, prometiendo ayuda? ¡oh! sin duda eran falsas promesas - si me gustaría decir que había mentido y que Tú, Jesús, ¿no eras el Salvador Recién Nacido?! Pero yo no podía mentir. Si yo hubiera mentido me habría negado mi propia alegría, habría matado a mi única esperanza,

¡habría rechazado a mi Señor! ¡Rechazarte a Ti! En mi miseria oscura en mi enfermedad triste siempre había un cielo sembrado de estrellas por encima de mí: el rostro de mi madre, que era la única alegría de mi vida huérfana, el rostro de una novia que nunca fue mía y yo la continué amando incluso después de su muerte. Estas fueron las dos estrellas menores. Y las dos grandes estrellas, como dos lunas más puras: José y María sonriendo al Bebé Recién Nacido y en nosotros los pobres pastores, y Tu brillante, inocente, amable, santo, santo, santo rostro, en el centro del cielo de mi corazón. ¡Yo no podía rechazar ese cielo mío! Yo no quería privarme de esa luz ya que no hay otra más pura. Hubiera rechazado mi propia vida o habría vivido en la tortura en lugar de rechazarte a Ti, Mi recuerdo bendito, ¡mi Recién Nacido Jesús!'

Jesús pone Su mano en el hombro de Isaac y sonríe.

'¿Así que insistes? ‹persiste Judas.

'Sí, quiero. Hoy, mañana y el día después nuevamente. Alguien vendrá'.

'¿Cuánto tiempo durará el trabajo? '

'No lo sé. Pero créeme. Basta de no mirar ya sea por delante o por detrás y hacer las cosas día a día. Y por la tarde, si hemos trabajado con ánimo de lucro, decimos: 'Gracias, Dios mío'. Si, sin fines de lucro, acabas de decir: "Espero por Tu ayuda para el mañana" '.

'Tú eres sabio'.

'Yo ni siquiera sé lo que significa. Pero lo hago en mi misión lo que hice durante mi enfermedad. ¡Treinta años de enfermedad son insignificantes! '

'¡Ehi! Yo creo eso. Yo aún no había nacido y ya era inválido'.

'Yo estaba enfermo. Pero nunca he contado esos años. Nunca dije: 'Ahora es el mes de Nisán de nuevo, pero no estoy floreciendo de nuevo con las rosas. Ahora es Tishri y todavía languidecen aquí. 'Fui a hablar de Él, tanto para mí y para la gente buena. Me di cuenta de que los años fueron pasando, porque los más pequeños de antaño vinieron a traerme sus confecciones de boda o las tortas para el nacimiento de sus pequeños. Ahora, si miro hacia atrás, ahora que de viejo me he convertido en joven, ¿qué veo de mi pasado? Nada. Es pasado'.

'No hay nada aquí. Pero en el Cielo está "todo" para ti, Isaac y ese "todo" está esperandote", dice Jesús. Y entonces hablando con todo el mundo: 'Debéis hacerlo. Lo hago Yo mismo. Debemos seguir adelante. Sin cansarse. El cansancio es una de las raíces del orgullo humano. Y también lo es la prisa. ¿Por qué está el hombre molesto por las derrotas? ¿Por qué está molesto por los retrasos? Porque el orgullo dice:

¿Por qué decirme "no" a mí? ¿Mucha demora para mí? Esto es una falta de respeto por el apóstol de Dios. 'No, Mis amigos. Mirad todo el universo y pensad en Aquél que lo hizo. Medita en el progreso del hombre y considera su origen. Pensad en esta hora que está siendo completada y contad cuántos siglos han precedido. El universo es la obra de una creación calma. El Padre no hace las cosas de una manera desordenada; Él hizo el universo en fases sucesivas. El hombre es la obra de la evolución paciente, el hombre actual, y él va a progresar más y más en ciencia y en poder. Y ese saber y poder serán santos o no santos, de acuerdo a su voluntad. Pero el hombre no fue calificado de una vez. Los primeros padres, expulsados del Jardín, tuvieron que aprender de todo, poco a poco, de forma progresiva. Tuvieron que aprender las cosas más simples: que un grano de maíz es más sabroso en forma de harina, luego se amasa y hornea. Y tuvieron que aprender a molerlo y hornearlo. Tuvieron que aprender a encender un fuego. Cómo hacer una prenda mediante la observación de la lana de los animales. Cómo hacer una guarida observando a las bestias. Cómo construir una tarima observando nidos. Aprendieron cómo curarse a sí mismos con las hierbas y el agua mediante la observación de los animales que lo hacen por instinto. Ellos aprendieron a viajar a través de los desiertos y los mares, estudiando las estrellas, montando a caballo, aprendiendo cómo equilibrar los barcos en el agua viendo la cáscara de una nuez flotando en el agua de un arroyo. ¡Y cuántos fracasos antes del éxito! Pero el hombre tuvo éxito. Y él irá más lejos. Pero no será más feliz a causa de su progreso, porque él será más experto en el mal que en el bien. Pero tendrá que hacer progresos. ¿No es la Redención una obra paciente? Se decidió hace siglos y siglos. Está sucediendo ahora después de haber sido preparado por siglos. Todo es paciencia. ¿Por qué ser impaciente, entonces? ¿Podría Dios no haber hecho todo en un instante? ¿No era posible que el hombre, dotado de razón, creado por las manos de Dios, conozca todo en un instante? ¿Podría Yo no haber venido a principios de siglos? Todo era posible. Pero en nada debe haber violencia. Nada. La violencia está siempre contra el orden y Dios, y lo que viene de Dios es el fin. No tratéis de ser superior a Dios'.

'Pero, entonces, ¿cuándo Tú vas a ser conocido? '

'¿Por quién, Judas?'

'¡Por el mundo!'

'¡Nunca!'

'¿Nunca? pero, ¿Tú no eres el Salvador? '

'Yo lo soy. Pero el mundo no quiere ser salvado. Sólo uno de cada mil estará dispuesto a Conocerme y sólo uno de cada diez mil realmente Me seguirá. Y diré más aún; Yo no seré conocido incluso por mis amigos más íntimos'.

'Pero si son Tus amigos íntimos, ellos Te conocen'.

'Sí, Judas. Ellos sabrán de Mí como Jesús, como Jesús el israelita. Pero no Me conocerán como Él Quien soy ...' y con el desánimo de resignación, Jesús abre Sus manos, de vuelta hacia el exterior, Él continúa, con tristeza escrita en Su rostro, sin mirar ni al hombre ni el Cielo sino sólo en Su future destino de una persona traicionada " ... en verdad os digo que no voy a ser conocido por todos Mis íntimos amigos. Conocer significa amar con lealtad y virtud ... y habrá quien no Me conozca'.

'No digas eso' implora Juan.

'Nosotros Te seguimos, para Conocerte más y más', dice Simón, y los pastores en coro.

'Te seguimos como nosotros seguiríamos a una novia y Tú eres más querido para nosotros de lo que podía ser; somos más celosos de Ti que de una mujer ....' dice Judas ... ¡Oh! No. Nosotros ya Te conocemos mucho, tanto que no podemos ignorarte por más tiempo' y apuntando a Isaac, Judas continúa – él dice que negar Tu recuerdo de un Bebé Recién Nacido habría sido más doloroso que perder la vida. Y Tú eras un bebé recién nacido. Te conocemos como Hombre y Maestro. Te escuchamos y vemos Tus obras. Tu contacto, Tu aliento, Tu beso: son nuestra consagración continua y nuestra purificación continua. Sólo satanás podía negarte después de haber sido Tu compañero cercano'.

'Es verdad, Judas. Pero habrá uno'.

'¡Ay de él! Voy a ser su verdugo.

'No. Deja la justicia al Padre. Se su Redentor. El redentor de esta alma que está inclinado hacia Satanás. Pero digamos adiós a Isaac. Es de noche. Te bendigo, Mi siervo fiel. Ahora ya sabes que Lázaro de Betania es nuestro amigo y está dispuesto a ayudar a Mis amigos. Me voy. Te quedarás aquí. Prepara la tierra reseca de Judea por Mí. Vendré más adelante. En caso de necesidad tú sabes dónde Encontrarme. 'Mi paz sea contigo' y Jesús bendice y besa a Su discípulo.

Jesús Con El Pastor Jonás En La Planicie De Esdraelon

Es de noche, pero no hay alivio del gran calor del día, ya que el suelo que sigue ardiendo emite ráfagas de calor de los surcos y las grietas en el suelo que evaporan el rocío, incluso antes de llegar al suelo.

Es una noche clara, aunque la luna hermosa es apenas visible en el lejano oriente.

En un pequeño sendero sembrado de rastrojos lleno de grillos y corriendo entre dos campos resecos, Jesús camina al lado de Levi y Juan. Detrás de ellos, en un grupo, están José, Judas y Simón. En silencio, caminan, acalorados y agotados pero Jesús sonríe.

'¿Crees que él estará allí?' Jesús le pregunta a Levi.

'Él está sin duda allí. Este es el momento en el que los cultivos se almacenan lejos, pero todavía no han empezado a recoger los frutos. Los agricultores están, por lo tanto, ocupados viendo sus viñedos y huertos contra ladrones y ellos no desaparecen, sobre todo cuando sus amos son tan tacaños como Jonás. Samaria no está lejos y cuando esos renegados tienen la oportunidad ... ¡oh! están felices de causar daño a nosotros los hijos de

Israel. ¿No sabéis que los funcionarios dan una paliza por ello? Por supuesto que sí. Pero nos odian, eso es todo'.

'No acaricies el resentimiento, Levi' dice Jesús.

'No. Pero verás como Jonás fue herido hace cinco años a causa de ellos. Desde entonces vive observando por la noche. Debido a que el flagelo es un castigo cruel ...'

'¿Hay todavía un largo camino por recorrer?'

'No, Maestro. ¿Ves donde esta monotonía termina y hay una zona oscura? Los huertos de Doras, el cruel fariseo, están ahí. Si tú me lo permite, voy a ir delante de Ti para dejar que Jonás me oiga.

'Sí, vamos'.

'¿Son todos los fariseos como ese, mi Señor? pregunta Juan. '¡Oh! No me gustaría estar a su servicio! Prefiero mi barco'.

'¿Es tu barco lo más querido para ti? ' le pregunta Jesús medio serio.

'No, ¡Tú eres! Era el barco cuando yo no sabía que el amor estaba en la tierra', contesta Juan con prontitud.

Jesús sonríe a su impulsividad. '¿No sabías que el amor estaba en la tierra? ¿Y cómo naciste entonces, si tu padre no amaba a tu madre? ' le pregunta Jesús, en tono de broma.

'Esel amor es hermoso pero no me atrae. Tú eres mi amor, Tú eres el amor en la tierra para el pobre Juan'.

Jesús lo abraza y le dice: ' Yo estaba ansioso por oírte decir eso. El amor es ávido de amor y el hombre da y siempre dar pequeñas gotas a su sed, como estos que están cayendo del cielo y son tan pequeñas que se desvanecen en pleno vuelo en el gran calor del verano. También las gotas de amor del hombre se desvanecerán en el aire, muertas por el calor de demasiadas cosas. Los corazones las exprimirán hacia fuera ... por los intereses, el amor, los negocios, la codicia, tantas cosas humanas se quemarán. ¿Y que se elevará a Jesús? ¡Oh! ¡demasiado poco! Los restos, las pocas pulsaciones humanas supervivientes, palpitan interesadas en pedir, pedir, y pedir en la urgente necesidad de los hombres. Amarme por puro amor será la característica de algunas personas ... de gente como Juan ...'

Y Jesús se detiene ante una fina mazorca de maíz que crece en el borde de una huella de camino, en una pequeña zanja que era quizás un pequeño arroyo en la temporada lluviosa.

' .... Mire una mazorca de maíz que se cultiva después de final de temporada. Es quizás una semilla que cayó en tiempo de cosecha. Pero fue capaz de brotar, resistir el sol y el clima seco, creciendo hasta formar una mazorca ... Sentidla: ya está formada. En estos campos pelados es la única cosa viviente. En poco tiempo los granos maduros romperán la cáscara suave que están cerca del tallo y se caerán al suelo. Y se convertirán en comida de caridad para los pajaritos, o dando el cien por cien, crecerán de nuevo y antes de que el invierno traiga el arado de nuevo a la tierra, estará una vez más madura y va a satisfacer el hambre de muchas aves ya muriéndose de hambre en la temporada más triste ... Ves, Mi Juan,

¿lo que una semilla valiente puede hacer?

Y las pocas personas que Me amen a Mí por puro amor, será así. Uno sólo satisfacerá el hambre de muchos. Uno sólo hará hermosa la zona que antes era fea. Uno sólo dará vida donde hubo muerte y todos los hambrientos vendrán a aquel. Comerán un grano de su amor activo y, luego, egoístas y distraídos, van a volar. Pero también sin saberlo, ese grano pondrá gérmenes vitales en sus sangres, en sus almas ... y ellos volverán. Y hoy, mañana y el día después, como dijo Isaac, el conocimiento del Amor aumentará en sus corazones. El tallo despojado ya no será un ser vivo: una paja reseca. ¡Pero cuánto bien de su sacrificio! ¡Y cuánta recompensa por su sacrificio! Juan escucha con admiración ardiente a Jesús y cuando Jesús se mueve, Juan lo sigue. El grupo detrás, hablando entre ellos mismos, no son conscientes de la conversación tierna.

Llegan a la huerta, sudando a pesar de que no están usando mantos y se detienen en un grupo silencioso.

Levi, visible en sus ropas ligeras, emerge de un matorral oscuro débilmente iluminado por la luna. Detrás de él, otro, con un vestido oscuro.

'Maestro, Jonás está aquí'.

'¡Que Mi paz sea con vosotros! 'saluda Jesús antes de que Jonás le alcance.

Jonás corre y se arroja llorando a Sus pies y los besa. Cuando él está en condiciones de hablar, dice: '¡Cuánto tiempo he esperado por Ti! ¡Cuánto tiempo! Qué deprimente era sentir que mi vida estaba pasando, que la muerte se acercaba, y yo tenía que decir: '¡No lo he visto! " Y, sin embargo, no, no todas las esperanzas fueron destruidas. Ni siquiera cuando estaba a punto de morir. Yo diría: " Ella lo dijo: 'Le servirás de nuevo' y no podía haber dicho algo que no era cierto. Ella es la Madre del Emmanuel. Nadie, por lo tanto, posee a Dios más que Ella y quien tiene a Dios sabe lo que es de Dios"'.

'Levántate. Ella te envía Sus saludos. Tú has estado cerca de Ella y todavía estás cerca de Ella. Ella vive en Nazaret'.

'¡Tú! ¡Ella! ¿En Nazaret? ¡Oh! Ojalá lo hubiera sabido. Por la noche, en los fríos meses de invierno, cuando los campos descansan y la gente mala no puede causar daños a los agricultores, hubiera venido, habría corrido allí para besar Tus pies y me hubiera vuelto con mi tesoro de la certeza de la fe. ¿Por qué Tú no te presentas a Tí mismo, Señor? ‹

'Porque no era el momento. La hora ha llegado. Tenemos que aprender a esperar. Tú dijiste: "En los meses de invierno, cuando los campos descansan". Y sin embargo, ¿han sido sembrados, no? Bueno, yo era como un grano que se había sembrado. Y Me viste cuando estaba siendo sembrado. Luego desaparecí. Enterrado en necesario silencio.

Para que yo pueda crecer y llegar a tiempo de la cosecha y brillar ante los ojos del mundo y de los que me habían visto un Bebé Recién Nacido. Ese momento ha llegado. El Recién Nacido ya está listo para ser el granero del mundo. Y yo estoy buscando primero a Mis fieles, y os digo: "Venid. Voy a satisfacer vuestro hambre"'.

Jonás Lo escucha, sonriendo y repitiéndose a sí mismo:
'v¡Oh! Tú estás realmente aquí! ¡Tú estás realmente aquí!'

'¿Estuviste a punto de morir? ¿Cuándo?'

'Cuando fui azotado hasta la muerte porque me habían despojado de dos viñedos. ¡Mira cuántas heridas! 'Baja la túnica y muestra sus hombros cubiertos de cicatrices irregulares. "Él me golpeó con una barra de hierro. Contó los racimos de uvas que habían sido recogidos; podía ver donde los tallos habían sido arrancadas, y él me dio un golpe por cada racimo. Y entonces me dejó allí, medio muerto. María me ayudó. Ella es la joven esposa de un amigo mío, y siempre ha sido amable conmigo. Su padre era agente de tierras ante mí y cuando llegué aquí me hice muy amigo de la niña porque su nombre era María. Ella se encargó de mí y me recuperé después de dos meses, donde las llagas se habían infectado por el calor y me habían dado una alta temperatura. Le dije al Dios de Israel: "No importa. Déjame ver Tu Mesías de nuevo y esta desgracia no tiene ninguna importancia para mí. Acéptalo como un sacrificio. Nunca puedo ofrecerte un sacrificio; Yo soy el siervo de un hombre cruel y Tú lo sabes. Ni siquiera se me permite ir a Tu altar en la Pascua. Acéptarme como una víctima. ¡Pero dámelo a Él"
'

'Y el Altísimo te ha satisfecho, Jonás, ¿deseas servirme a Mí, como tus amigos ya lo están haciendo?'

'¡Oh! ¿Cómo voy a hacer eso? '

'Como lo hacen ellos. Levi sabe y él te dirá lo fácil que es Servirme. Yo sólo quiero tu buena voluntad'.

'Me he entregado a Ti desde la vez que Tú lloraste en el pesebre. Me hizo superar todo. Tanto el abatimiento y el odio. El hecho es que ... no podemos hablar mucho aquí ... El amo una vez me dio una patada porque yo insistía que Tú existías. Pero cuando él estaba ausente y con los que podía confiar, ¡oh! ¡Yo les contaba la maravilla de esa noche! '

'Y ahora diles la maravilla de tu reunión. He encontrado casi todo el mundo y todo el mundo es fiel. ¿No es eso una maravilla? Sólo porque Tú Me has contemplado con fe y amor que has vuelto justo a los ojos de Dios y de los hombres'.

'¡Oh! ¡Ahora voy a tener coraje! ¡Y cuánto coraje! Ahora que sé que Tú estás vivo, puedo decir: " Él está allí. ¡Id a Él! ... ' Pero, ¿dónde, mi Señor?'

'En todo Israel. Hasta septiembre estaré en Galilea. Estaré en Nazaret o Cafarnaúm a menudo, y puedo seguir desde allí. Después ... Voy a estar en todas partes. He llegado para reunir a las ovejas de Israel '.

'¡Oh! Mi Señor! Vas a encontrar muchos machos cabríos. Ten cuidado con los grandes en Israel! '

'No me harán ningún daño si no es el momento. Dile a los muertos, los durmientes, los vivos: " El Mesías está entre nosotros" '.

'¿A los muertos, Señor?'

'Para aquellos cuyas almas están muertas. Los otros, los justos que murieron en el Señor, que ya se regocijan por su liberación inminente del Limbo. Dile a los muertos: "Yo soy la Vida", Dile a los durmientes: "Yo soy el Sol que sale al despertar de un sueño" Dile a los vivos: " Yo soy la Verdad que están buscando" '.

'¿Y Tú curas también a los enfermos? Levi me habló de Isaac. Es el milagro sólo para él, porque él es Tu pastor o es para todo el mundo? '

Para la gente buena, un milagro es una recompensa justa. Para aquellos que no son tan buenos, los impulsa hacia la verdadera bondad. Es también para la gente mala, para sacudirlas y hacerlas entender que Yo Soy y que Dios está conmigo. Un milagro es un regalo. Los regalos son para la gente buena. Pero Aquel que es Misericordia y ve la carga humana, puede ser aligerada sólo por los acontecimientos de gran alcance, tiene recurso también a este siginificado, que Él puede decir: "He hecho todo para ti pero todo fue en vano."

'Dime, pues, ¿qué más tengo que hacer?'.

'Señor, ¿Te importa entrar en mi casa? Si Tú me das la seguridad de que ningún ladrón va a entrar en la finca, me gustaría darte hospitalidad, y también invitar a las pocas personas que Te conocen, porque les hablé de Ti. Nuestro amo nos ha doblado y rotos como tallos inferiores. No tenemos más que la esperanza de una recompensa eterna. Pero si Tú vas a manifestarte en corazones abatidos, ellos sentirán la nueva fuerza'.

"Vendré. No tengas miedo de tus árboles y viñedos. ¿Puedes creer que los ángeles observarán fielmente?

'¡Oh! Mi Señor. Yo vi Tus siervos celestiales. Yo sí creo. Y vendré Contigo y me sentiré seguro. ¡Bienaventurados estos árboles y viñedos que tienen la brisa y las canciones de las alas y voces angelicales! ¡Bendito es el suelo que está santificado por Tus pies! ¡Ven, Señor Jesús! Escucha, árboles y vides. Escucha, suelo. Ahora le dire a Él el Nombre que te confié a ti para mi propia paz. Jesús está aquí. Escucha, y que la savia exulte a través de ramas y sarmientos. El Mesías está con nosotros'.

Regreso A Nazaret Luego De Dejar A Jonás

Es el momento de decir adiós y Jesús y sus discípulos están de pie en la puerta de una pobre choza, con Jonás y otros campesinos pobres, iluminados por una luz tan débil, que parece estar parpadeando.

'¿No voy a no Verte más, mi Señor? 'Pregunta Jonás. -Has traído luz a nuestros corazones. Tu bondad ha convertido estos días en una fiesta que durará toda la vida. Pero Tú has visto cómo se nos trata. Una mula tiene un mejor cuidado que nosotros. Y los árboles reciben más atención humana; son dinero. Somos sólo piedras de molino que ganan dinero y que estamos acostumbrados hasta morir de fatiga excesiva. Pero Tus palabras han sido tantas caricias amorosas. Nuestro pan parecía más abundante y sabía mejor porque Tú lo compartiste con nosotros; este pan que ni siquiera se lo dan a sus perros. Vuelve a compartirlo con nosotros, mi Señor. Sólo porque eres Tú, me atrevo a decir eso. Sería un insulto ofrecer cualquier otra vivienda y alimentos que incluso un mendigo odiaría. Pero Tú ... '

'Pero encuentro en ellos un perfume celestial y sabor porque en ellos hay fe y amor. Volveré, Jonás. Voy a volver. Tú permanece en tu lugar, atado como un animal a los ejes. Que tu lugar sea la escalera de Jacobo. Y, de hecho, ángeles van y vienen desde el Cielo hasta ti, reuniendo cuidadosamente todos tus méritos y se los llevan a Dios. Pero yo vendré a ti. Para aliviar tu espíritu. Se fiel a Mí, todos vosotros. ¡Oh! Me gustaría daros también la paz humana. Pero no puedo. Debo deciros: seguid sufriendo. Y eso es muy triste para Alguien Quién amas ... '

'Señor, si Tú nos amas, ya no sufriremos. Antes no teníamos a nadie que nos ame ... ¡Oh! Si pudiera, al menos, ¡ver a Tu Madre! '

No te preocupes. Voy a ponerla a tu alcance. Cuando el clima sea más suave, voy a ir con Ella. No te arriesgues a incurrir en castigos crueles a cuenta de tu ansiedad de verla. Debes esperar por Ella asi como esperas la salida de una estrella, de la estrella de la tarde. Ella aparecerá para ti, de repente, tal y como la estrella de la tarde, que no está allí un momento, y un momento después brilla en el cielo. Y tú debes tener en cuenta que, incluso ahora Ella está prodigando Sus dones de amor en ti. Adiós a todos. Que Mi paz os proteja de la dureza de aquel que os atormenta. Adiós, Jonás. No llores. Han esperado durante tantos años con la fe del paciente. Yo os prometo una muy corta espera. No llores; No te voy a dejar solo. Tu bondad limpió Mis lágrimas cuando yo era un Bebé Recién Nacido. ¿La Mía no es suficiente para acabar con la tuya? '

Sí ... pero Te vas ... y yo tengo que permanecer aquí ... '

'Jonás, Mi amigo, no hagas que me vaya deprimido porque no te puedo consolar ... '

'No estoy llorando, mi Señor ... Pero ¿cómo voy a ser capaz de vivir sin verte a Ti, ahora que sé que Tú estás vivo? '

Jesús acaricia al anciano triste una vez más y luego se va. Pero de pie en el borde de la era desgraciada, Jesús extiende Sus brazos y bendice al campo. Entonces Él se aleja.

'¿Qué has hecho, Señor? ' pregunta Simón, que ha notado el gesto inusual..

'Puse un sello en todo. Que ningún demonio pueda dañar las cosas y por lo tanto causar problemas a las personas miserables. No podía hacer más ... '

'Maestro, caminemos un poco más rápido. Me gustaría decirte algo que yo no quiero que los demás escuchen. 'Se mueven más lejos del grupo y Simón comienza a hablar: "Yo quería decirte que Lázaro tiene instrucciones para usar mi dinero para ayudar a todos aquellos que se aplican a él en el nombre de Jesús. ¿No podríamos liberar a Jonás? Ese hombre está desgastado y su única alegría es estar Contigo. Démosle eso. ¿Qué es lo que vale el trabajo aquí? Si en lugar de eso estuviera libre, él sería Tu discípulo en esta hermosa llanura desolada. Las personas más ricas de Israel poseen fincas fértiles aquí y los explotan con extorsión cruel, exigiendo un beneficio de sus trabajadores. Lo he sabido durante años. Tú no serás capaz de quedarte aquí mucho tiempo, debido a que la secta de fariseos gobierna el país y no creo que alguna vez sean amables Contigo. Estos trabajadores oprimidos y sin esperanza son las personas más infelices en Israel. Tú lo has oído, ni siquiera en la Pascua tienen paz, ni tampoco pueden orar, mientras sus amos severos, con gestos solemnes y exposiciones afectadas, ocupan posiciones destacadas en frente de todo el pueblo. Por lo menos van a tener la alegría de saber que Tú existes y de escuchar Tus palabras repetidas a ellos por alguien que no va a alterar ni una sola letra. Si Tú aceptas Maestro, por favor dilo, y Lázaro hará lo que sea necesario'.

Simón, yo sabía por qué diste todos tus bienes. Los pensamientos de los hombres son conocidos para Mí. Y yo te amé también a causa de eso. Al hacer feliz a Jonás, haces feliz a Jesús. ¡Oh! ¡Cómo Me atormenta para ver buenas personas sufrir! Mi situación de un pobre hombre despreciado por el mundo Me afecta sólo a causa de eso. Si Judas Me oyó, él diría: «Pero, ¿no Eres la Palabra de Dios? Da la orden y estas piedras se convertirán en oro y pan para la gente pobre. "Repetiría la trampa de Satanás. Estoy ansioso por satisfacer el hambre de la gente. Pero no de la manera en la que a Judas le gustaría. Tú todavía no eres lo suficientemente maduro como para entender la profundidad de lo que quiero decir. Pero Te diré: si Dios vio que todo lo que Él le quitaría Sus amigos. Él les privaría de la oportunidad de ser misericordiosos y cumplir el mandamiento del amor. Mis amigos deben poseer esta marca de Dios en común con Él: la santa misericordia que consiste en obras y palabras. Y la infelicidad de otras personas da Mis amigos la oportunidad de practicarlo. ¿Habéis entendido lo que quiero decir?
'Tu pensamiento es profundo. Voy a reflexionar sobre Tus palabras. Y me humillo mientras veo qué mente obtusa soy y cuán grande es Dios que nos quiere dotados con todos sus atributos más dulces para que Él nos pueda llamar Sus hijos. Dios se revela a mí en Sus múltiples perfecciones por cada rayo de luz con la

que Tú iluminas mi corazón. Día a día, al igual que uno avanza en un lugar desconocido, el conocimiento de la inmensa cosa que es la Perfección que nos quiere llamar a Sus "hijos" progresa en mí y me parece trepar como un águila o sumergirme como un pez en dos interminables profundidades como el cielo y el mar, y subo más y más alto y me sumerjo cada vez más profundamente, pero nunca toco el final. Pero lo que es, por lo tanto, ¿Dios? '

'Dios es la Perfección inalcanzable, Dios es la Belleza perfecta, Dios es el Poder infinito, Dios es la Esencia incomprensible, Dios es el Bounty insuperable, Dios es la indestructible Misericordia, Dios es la Sabiduría inconmensurable, Dios es el Amor que se convirtió en Dios. ¡Él es el amor! Él es el amor! Tú dices que cuanto más conoces a Dios en Su perfección, más alto pareces subir y más profundo bucear en dos interminables profundidades de color azul sin sombras... Pero cuando tú entiendas lo que es el Amor que se convirtió en Dios, ya no subirás o te sumergirás en el azul, sinó en un vórtice ardiente y será atraído hacia una bienaventuranza que será la muerte y la vida para ti. Poseerás a Dios, con una posesión perfecta, cuando, por tu voluntad, tengas éxito en la comprensión y merecimiento de Él. Luego, serás ajustado en Su perfección'.
Oh Señor ...' exhala Simón, abrumado.

Caminan en silencio hasta que llegan a la carretera, donde Jesús se detiene para esperar a los demás.

Cuando se reagrupan de nuevo, Levi se arrodilla: 'Me marcho, Maestro. Pero tu siervo te pide un favor. Llévame a Tu madre. Este hombre es un huérfano como yo. No me niegues lo que Tú le diste, para que pueda ver el rostro de una madre ... '

'Ven. Lo que es pedido en nombre de Mi Madre, lo garantizo en nombre de Mi Madre'.

El sol, aunque a punto de ponerse, arde descendido a la cúpula verde-gris de los gruesos olivos cargados de fruta pequeña de buena forma pero sólo penetra en la maraña de ramas suficientes para proporcionar un par de ojales pequeños de luz, mientras que la carretera principal, por otro lado, incrustado entre dos bancos, es una cinta deslumbrante ardiente polvorienta.

Solo y caminando rápido entre los olivos, Jesús se sonríe a Sí mismo ... Él sonríe aún más feliz cuando él llega a un acantilado.... Nazaret ....su panorama parpadeo en el calor del sol ardiente ... y Jesús comienza a descender y acelera Su paso.

Ahora en la carretera desierta en silencio, Él ha protegido Su cabeza con Su manto y ya no se preocupa por el sol, camina tan rápido que el manto está soplando en sus lados y detrás de Él que parece estar volando.

De vez en cuando , la voz de un niño o de una mujer desde el interior de una casa o un jardín de cocina llega a Jesús donde Él está caminando en lugares a la sombra proporcionada por los árboles del jardín cuyas ramas se extienden en la carretera. Él dobla en una carretera sombreada donde hay mujeres que están reunidas en torno a un pozo fresco y todas Le saludan, dándole la bienvenida con voces estridentes.

'Paz a todas vosotras... Pero por favor, silencio. Quiero darle a Mi Madre una sorpresa'.

'Su cuñada sólo se ha ido con una jarra de agua fría. Pero ella va a regresar. Ellas se quedan sin agua. La primavera es seca o el agua es absorbida por la tierra seca antes de llegar a su jardín. No lo sabemos. Eso es lo que decía María de Alfeo. Ahí está ella ... ella se acerca'.

'Sin haber visto a Jesús todavía, la madre de Judas y Santiago , con un ánfora en la cabeza y otro en la mano, está gritando; ' Voy a ser más rápido de esta manera. María está muy triste, porque Sus flores están muriendo de sed. Ellas fueron plantadas por José y Jesús y se le rompe el corazón verlas secarse.

'Pero ahora que Ella Me ve ...' dice Jesús que aparece detrás del grupo de mujeres.

'¡Oh! ¡Jesús mío! ¡Bendito eres! Iré a decirle ...'

'No. Yo iré. Dame las ánforas'.

'La puerta está medio cerrada. María está en el jardín. ¡Oh! Lo feliz que será! Ella estaba hablando de Ti también esta mañana. Pero ¿por qué vienes con este calor? ¡Estás todo transpirado! ¿Tú estás solo?

'No. Con amigos. Pero vine delante de ellos para ver a Mi Madre en primer lugar. ¿Y Judas?'

'Él está en Cafarnaúm. Él va a menudo allí', dice María. Y ella sonríe mientras se seca la cara mojada de Jesús con su velo.

Los cántaros ahora listos, Jesús toma dos, poniendo uno en cada extremo de su cinturón que Él lanza a través de Su hombro y luego lleva a un tercero en la mano. Luego se aleja, da la vuelta de una esquina, llega a la casa, empuja la puerta , entra en la pequeña habitación que parece oscura en comparación con la luz del sol al aire libre. Poco a poco, Él levanta la cortina de la puerta del jardín y observa.

María está de pie cerca de un rosal, de espaldas a la casa, compadeciéndose de la planta seca. Jesús pone la jarra en el suelo y el cobre tintinea en la piedra. '¿Estás ya aquí, María?', dice su madre sin volverse.

'Vamos, vamos, ¡mira esta rosa! Y estos lirios pobres. Todos ellos morirán si no les ayudamos. Trae también algunos pequeños bastones para sostener este tallo que cae'.

'Yo Te traerá todo, Madre'.

María florece todo el año y por un momento, se queda con los ojos muy abiertos y luego con un grito Ella corre con los brazos extendidos hacia Su Hijo, que ya ha abierto Sus brazos y esperaba con la sonrisa más cariñosa.

'¡Oh! ¡Mi Hijo!'

¡Madre! ¡Querida! '

Su abrazo es uno largo y amoroso y María es tan feliz que Ella no siente lo caliente que está Jesús. Pero entonces Ella se da cuenta de ello: '¿Por qué, Hijo, qué has venido a esta hora del día? Tú estás rojo púrpura y sudando como una esponja empapada. Entra. Que yo pueda secarte y refrescarte. Yo Te traerá una túnica limpia y sandalias limpias. ¡Mi Hijo! Mi Hijo! ¿Por qué seguir con este calor? Las plantas se están muriendo a causa del calor y Tú, Mi Flor, casi también.

'Quería venir a Ti tan pronto posible, Madre.

'¡Oh! ¡Mi querido! ¿Tienes sed? Debe tenerla. Ahora voy a preparar ... '

'Sí, tengo sed de tus besos, Madre. Y Tus caricias. Deja que Me quede así, con Mi cabeza en tu hombro, como cuando era un niño ... ¡Oh! ¡Madre! ¡Cómo Te extraño! '

'Dime que vaya, Hijo, y lo haré. ¿Qué Te falta por causa de Mi ausencia? La comida que te gusta? Ropa limpia? Una cama bien hecha? ¡Oh! Mi Alegría, dime lo que Te faltó. Tu sierva, mi Señor, se esforzará para proporcionártelo.

'Nada, sino Tú...'

'Cogidos de la mano, Madre e Hijo entran en la casa. Jesús se sienta en el pecho cerca de la pared, abraza a María que está en frente de Él, apoyando la cabeza sobre su corazón y La besar una y otra vez. Ahora Él la mira fijamente: 'Deja que mire al contenido de Mi corazón, santa Madre Mía'.
'Tu túnica primero. No es bueno que Te quedes tan húmedo. Ven. Jesús obedece. Cuando Él vuelve de nuevo vestido con una túnica con aspecto fresco, reanudan su dulce conversación.

'He venido con Mis discípulos y amigos pero los dejé en madera de Milca. Vendrán mañana al amanecer. Yo ... yo no podía esperar más. ¡Mi Madre! ... ' Y Él le besa las manos. 'María de Alfeo se ha ido para dejarnos en paz. Ella también entiende lo ansioso que estaba por estar Contigo. Mañana ... mañana Tú asistirás a Mis amigos y Yo a los Nazarenos. Pero esta noche eres Mi amiga y

Yo soy tuyo. Le traje ... ¡Oh! Madre: Me encontré con los pastores de Belén. Y traje a dos de ellos: son huérfanos y Tú eres la madre de todos los hombres. Y más aún de los huérfanos. Y traje también uno que Tú tienes que controlar. Y otro que es un hombre justo y ha sufrido mucho. Y luego Juan ... Y Te traje los recuerdos de Elias, Isaac, Tobías, ahora llamado Mateo, Juan y Simeón. Jonás es el más infeliz de todos ellos. Te llevaré con Él ... se lo prometí. Voy a seguir buscando a los otros. Samuel y José están descansando en la paz de Dios.

¿Estabas Tú en Belén?

'Sí, Madre. Llevé allí a los discípulos que estaban Conmigo. Y Te traje estas pequeñas flores, que crecían cerca de las piedras del umbral'.

¡Oh! 'María toma los tallos y los besa. ¿Y qué pasó con Ana?

'Ella murió en la masacre de Herodes. '

'¡Oh! ¡Pobre mujer! Ella estaba tan encariñada Contigo!'

'Los habitantes de Belén sufrieron mucho. Pero no han sido justos con los pastores. Porque ellos sufrieron mucho...'

'¡Pero ellos fueron buenos Contigo entonces!

'Sí. Y es por eso que son dignos de lástima. Satanás está celoso de su amabilidad pasada y les insta a cosas malas. Yo también estuve en Hebrón. Los pastores, perseguidos ... '

'¡Oh! ¿A esa extensión?'

'Sí, fueron ayudados por Zacarías, que les consiguió a ellos empleos y alimentos, incluso si sus amos eran gente dura. Pero son sólo almas y volvieron sus persecuciones y heridas en méritos de la verdadera santidad. Yo los reuní. Curé a Isaac ... y le di Mi nombre a un niño pequeño... En Juta, donde Isaac fue languideciendo y donde volvió a la vida de nuevo, ahora hay un grupo de inocentes, llamados María, José y Jesai... '

'¡Oh! ¡Tu nombre! '

'Y el Tuyo y el nombre del Justo. Y en Queriot, la patria de un discípulo, un fiel israelita muerto descansando en Mi corazón. Con alegría, habiéndome encontrado ... y entonces ... ¡Ah! la cantidad de cosas que tengo que contarte a Ti, Mi Amiga perfecto, dulce Madre! Pero antes que nada, te ruego, te pido que tengas tanta misericordia de aquellos que vendrán mañana. Escucha: ellos Me aman ... pero no son perfectos. Tú, Maestra de la virtud ... ¡oh! Madre, ayúdame para que sean buenos ... Me gustaría salvarlos a todos ... Jesús ha caído a los pies de María. Ella aparece ahora Su majestad Maternal.

¡Mi Hijo! ¿Qué quieres que Tu probe Madre haga major que Tú? '

'Santificarlos ... Tu virtud santifica. Los he traído aquí deliberadamente, Madre ... un día voy a decirte: " Ven ", porque entonces será urgente santificar las almas, para que pueda encontrarlos dispuestos a ser redimidos. Y no voy a ser capaz por Mí mismo ... Tu silencio será tan elocuente como Mis palabras. Tu pureza ayudará a Mi poder. Tu presencia alejará a Satanás ... y Tu Hijo, Madre, se sentirá más fuerte sabiendo que estás cerca de Él. ¿Vendrás, no?, Mi dulce Madre? '

'¡Jesús! ¡Querido hijo! Tengo la sensación de que Tú no estás satisfecho ... ¿Cuál es el asunto, Criatura de Mi corazón? ¿el mundo fue hostil Contigo? No? Es un alivio creerlo ... pero ... ¡Oh! Sí. Iré. Dondequiera que Tú desees, siempre y cuando Tú quieras. Incluso ahora, en este sol abrasador o de noche, en un clima frío o húmedo. ¿Me quieres? Aquí estoy. '

'No. No ahora. Pero un día ... Qué dulce es nuestro hogar. ¡Y Tus caricias! Déjame dormir así, con Mi cabeza sobre Tus rodillas. ¡Estoy tan cansado! Todavía soy Tu pequeño Hijo ... ' Y Jesús realmente se queda dormido, cansado y agotado, sentado en la estera, con la cabeza en el regazo de Su Madre, que felizmente acaricia Su cabello.

Por el Amor que Persevera

www.ingramcontent.com/pod-product-compliance
Lightning Source LLC
Chambersburg PA
CBHW070605050426
42450CB00011B/3000